CLAUDIA DUWE

Der kleine
Alltags
Magier

*Wie wir jeden Tag mit Freude und
Leichtigkeit erfüllen*

Vorwort

Manchmal gelingt alles leichter, wenn wir es leichter nehmen. Wenn wir die Ereignisse in unserem Leben nicht immer gleich beurteilen, sondern üben, aus ihnen zu lesen – denn sie sind Zeichen! Sie sind Botschaften, die uns eine Geschichte erzählen, gerade so, wie ein Buch eine Geschichte erzählt – und wir haben jederzeit die Möglichkeit, in diesen Geschichten wertvolle Hinweise zu finden. Gewiss, zwei Dinge braucht es dazu, und es sind keine geringen: Mut und Vertrauen.

Mr. ED, der kleine Alltagsmagier, der sich auf den folgenden Seiten vorstellt, ist der Meinung, dass wir das Leben niemals vollständig verstehen oder kontrollieren können (und dass dies weder unsere Aufgabe ist noch unser Ziel sein sollte). Wenn wir es aber einfach lieben, so wie früher, als wir Kinder waren, dann eröffnet es uns zauberhafte Seiten. Daher lautet ein Postkartenspruch, den Mr. ED sehr mag: Sei realistisch, plane ein Wunder!

Und er empfiehlt dir: Lies in deinem Leben wie in einem magischen Zauberbuch! Wie das gehen soll? Nun, auf den folgenden Seiten hält Mr. ED eine Reihe von Ideen, Anleitungen und Empfehlungen für dich bereit. Du brauchst den Text nicht in einem Zug zu lesen, ebenso gut ist es häppchenweise, so können Mr. EDs magische Impulse noch ein wenig länger in dir nachwirken.

»Es ist Zeit, etwas Neues zu beginnen und dem Zauber des Anfangs zu vertrauen.«

MEISTER ECKHART

»Es ist Zeit, etwas Neues zu beginnen und dem Zauberer des Alltags zu vertrauen.«

MR. ED

Mr. ED ist übrigens niemand, der dir Ratschläge »von außen« erteilt. Er ist genau genommen überhaupt nicht im Außen, sondern dir viel vertrauter, als du denkst – du wirst schon sehen. ☺ Seine Mission ist es, dir den Wert deines Alltags vor Augen zu halten: Jeder Tag birgt ein gestalterisches Potenzial, hält für dich Fragen und Herausforderungen bereit, lässt dich verschiedene Stimmungen erfahren und lädt dich ein, Entscheidungen zu treffen. Unser Alltag steckt voller zauberhafter Zeichen, voller einladender Türen, voller Strände, an denen Ebbe und Flut sich die Hand reichen.

Doch dafür müssen wir tiefer schauen. Tiefer als nur in die Displays unserer Smartphones. Tiefer als nur ins abendliche TV-Programm. Tiefer als auf das, was wir tagtäglich für unsere Realität halten. Vielleicht fühlen wir uns gerade noch reich an Tagen, die vor uns liegen, doch wie schnell kann sich das ändern. Merkst du nicht auch, wie die Tage immer rascher vorüberfliegen? Also warte nicht länger, um die Magie wieder in dein Leben zu lassen!

Magische Alltagsgrüße schicken dir

Mr. ED &
Claudia Dune

Dreamteam
Mr. ED & du

Ein Tag reiht sich wie ein Dominostein an den nächsten. Und jeder versorgt uns mit 24 Stunden Zeit: 24 Stunden, die wir nutzen können. Das ist nichts Neues für dich? Du hättest mehr erwartet vom Anfang dieses Buches? Mr. ED sieht das anders. Er möchte dringend mit dir über diese 24 Stunden sprechen und darüber, wie du sie nutzt.

HILFE –
WIR VERSTEINERN!

Jeden Tag aufs Neue liegen unsere 24 Stunden als Geschenk vor unserer Tür – mal mehr, mal weniger nett verpackt. Sie sind da, damit wir erfahren können, was Leben heißt. Und so lange wir atmen, werden uns weitere Zeitpakete zugestellt: ein neues und noch ein neues und wieder ein neues. Es ist schön, so viele Geschenke zu bekommen, nicht wahr? Eigentlich sogar magisch, denn wir kennen ihre genaue Quelle nicht. Und wenn wir ehrlich sind: Wir wissen auch nie mit Sicherheit, wie viele Pakete noch kommen werden. Das macht ein wenig Gänsehaut, denn: Was haben wir eigentlich heute mit unserem Geschenk getan? Oder gestern? Haben wir es freudig begrüßt und ein dickes »Danke!« ausgerufen? Haben wir es überhaupt selbst angenommen und ausgepackt? Wie haben wir unsere Zeit genutzt?

Mr. ED meint: Unser Alltag ist in Gefahr! Genauer gesagt, wir und unser Alltag. Was mit uns geschieht? Wir versteinern!

Doch wie kann das sein? Und Mr. ED, wer ist das überhaupt? Nur die Ruhe, sagt er lächelnd. Ich stelle mich dir gleich vor!

DER KREISEL

Was geschieht heute mit uns in unserem Alltag? Wir werden nach außen hin immer schneller: In einer unbarmherzigen Da-geht-noch-mehr-Gesellschaft rotieren wir wie Kreisel. Alles kontrollierend, immer funktionierend. Termindruck und Hektik sind unsere Religionen, mit ihnen walzen wir unseren Alltag platt, bis er zum Schimpfwort wird. Wochenenden und Urlaube werden zu schmalen Zeitfenstern, in denen wir Spaß haben und auf Knopfdruck entspannen sollen, damit sich der Kreisel ab Montag wieder drehen kann.

Doch was passiert mit unserem Inneren, wenn wir so schnell rotieren? Kennst du das Meraner Tischkegelspiel? Auf einer Bahn werden kleine Kegel aufgebaut, die in aller Ruhe dastehen – bis der Kreisel ins Spiel kommt. Er dreht sich schnell wie ein Blitz und wandert im Eiltempo auf die Kegel zu. Er schaut nicht nach rechts und nicht nach links, denn sein einziges Ziel ist, in kürzester Zeit einen Kegel nach dem anderen zu Fall zu bringen. Und wir? Als Menschenkreisel tun wir dasselbe, nur dass wir einen Stift in der Hand halten und – statt Kegel umzuwerfen – ständig Häkchen hinter To-Dos setzen: Zack … zack … zack … erledigt … erledigt … erledigt … höher, schneller, weiter – warum eigentlich nicht noch mehr?

Doch kann ein tanzender Kreisel auf einen Plausch im Park pausieren oder einem Passanten den Weg erklären? Kann er der Oma den Computer einrichten oder der Freundin beim Umzug helfen? Kann er die Nachbarstochter babysitten oder einen handgeschriebenen Brief an den Lieblingsmenschen verfassen? Nein, natürlich nicht, denn er dreht sich zu schnell. Was ihn ablenkt, kommt ungelegen. Freundschaften verlieren an Tiefe und den bereits verlorenen wachsen kaum neue nach. Zuwendung wird in neuen Währungen aufgerechnet: Zeit und Geld. Das Kreiselherz schlägt nicht mehr in weichen Tönen, sondern es donnert zunehmend selbst in Zack-zack-Manier. Es kann nicht mehr

»Ich hab was verloren auf meinem Weg hierher
Ich glaub, es wurd' mir gestohlen,
jedenfalls fehlt es mir sehr.«

MOSES PELHAM

Rückschau

Kannst du dich noch an letzte Woche erinnern? Schließ die Augen und atme zur Entspannung einmal tief durch. Dann geh gedanklich zurück zu letztem Montag und Dienstag. Was hast du an diesen Tagen getan? Was am Mittwoch, Donnerstag und Freitag? Was waren besonders schöne Erlebnisse und welche waren vielleicht auch Herausforderungen? Hatte die Woche ein offensichtliches Thema? Welche Botschaft lag möglicherweise darin? Was erinnerst du noch – und was schon nicht mehr?

sanft sein und verwundbar, kann es sich nicht leisten, sich verträumt und spontan dem Ungeplanten hinzugeben. Bei hoher Drehzahl braucht der Kreisel einen harten Kern: Außen ist er schnell – innen versteinert. Unser Herz sendet dieselbe Nachricht wie unser Computer: »Akku fast leer! Apps mit erheblichem Stromverbrauch geöffnet!« Wir fühlen uns leer. Denn auf Dauer im Eiltempo rotieren zu müssen, macht unglücklich.

GIBT ES HOFFNUNG?

Doch, ja, es gibt Hoffnung, denn etwas ist uns geblieben: die Sehnsucht! Wir spüren, dass wir nicht so leben, wie wir leben könnten – und wir scheinen die ganze Zeit auf etwas zu warten. Wir können die Sehnsucht nicht erklären – obwohl wir doch sonst fast alles erklären können. Warum? Sie kommt aus einer anderen Welt! Sie ist mit dem Verstand nicht greifbar. Ihr Wesen ist Verheißung und Wehmut zugleich – eine brodelnde Mischung! Sie legt einen Finger in die Wunde und deutet mit dem anderen auf ein Leben im Glück. Die Sehnsucht ist ein Bote, ein magischer Funke, der bei uns verweilt und der uns noch lange nicht aufgegeben hat.

Diese Sehnsucht will uns wieder in Bewegung bringen. Sie möchte uns verführen, dem Kreisel Ruhe zu gönnen und die Magie in unseren Alltag zurückzuholen. Das Wunder wieder öfter zu spüren, dass es uns gibt und dass wir uns einander zuwenden können.

Und wenn wir genauer hinschauen, dann bemerken wir, dass dieser Funke der Sehnsucht Gestalt annimmt. Ja, es ist die Gestalt eines kleinen Zauberers …

GESTATTEN? MR. ED

Jedem neuen Tag wohnt ein Zauber inne. Das merken wir morgens, wenn die Dämmerung den Tag ankündigt und in der langsam sich den Weg bahnenden Helligkeit ein märchenhafter Nebel auf den Feldern liegt. Wenn die Welt noch ihren mystischen Geruch hat, bevor sie wieder durch Uhren getaktet wird und der Verstand die Leitung übernimmt. Doch nicht vollständig. Aufmerksamen Beobachtern dürfte schon längst aufgefallen sein, dass sich mit dem Tag noch jemand angekündigt hat:

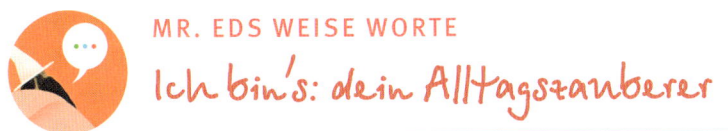

MR. EDS WEISE WORTE

Ich bin's: dein Alltagszauberer

Es ist Zeit, dass du dir den Zauber des Alltags zurückholst! Und wo Alltagszauber herrscht, muss es auch einen Alltagszauberer geben. Gestatten? Mr. ED!

»ED« steht ganz einfach für »Every Day«, also für »Alltag«. Man könnte es aber auch mit »jeden Tag« übersetzen, denn wenn du willst, bin ich von nun an jeden Tag für dich da und wir bilden ein wahres Dreamteam, das deinen Alltag rundum magisch werden lässt. ☺

ALLTAGSZAUBER IST, WENN ALLES PASST

Kennst du das Gefühl, dass dir plötzlich überall Herzen begegnen? Du schaust in den Himmel und eine Wolke sieht aus wie ein Herz. Du schaust auf den Boden, da liegt ein Laubblatt in Herzform. Du schaust in die Zeitung, dort prangt ein Foto von einem Herzluftballon. Das ist der Zauber des Alltags.

Wenn das Sonnenlicht sich in einem Kristall zu hundert Regenbogenpunkten bricht, wenn du nachmittags eine Tasse dampfenden Kaffee in der Hand hältst und dich einen Moment lang einfach nur freust, dass du da bist. Wenn du siehst, wie die Abenddämmerung langsam die Zimmer des Hauses in eine wohlige Geborgenheit taucht. Wenn du es dir leisten kannst, mal kurz an gar nichts zu denken – und es genießt, wie diese Sorglosigkeit dein Herz berührt. Wenn du dich schön fühlst, weil du ganz bei der Sache bist – und nicht hetzen musst. Wenn du etwas oder jemandem deine ganze Aufmerksamkeit geben kannst: Welch ein Luxus – und wie gut er tut!

Und hier kommt das Geheimnis: Bei all diesen Dingen war Mr. ED für dich am Werk. Du hast es nicht gemerkt, stimmts? Dabei trägt er so viel Rüstzeug in seinem Köfferchen, um uns zu unterstützen – doch wir fragen nie danach. Er liebt den Hauch von Magie im Alltag, Spontaneität und Romantik – doch wir haben dafür immer weniger Zeit und Nerven. Er bekommt von uns kaum Wertschätzung und Dank, lieber beklagen wir uns über die schlechten Tage.

Mr. ED findet, dass wir unseren Alltag zu wenig schätzen und nutzen. Dass wir ihn zu wenig ehren und feiern. Und er bleibt am Ball: Ob wir schlecht gelaunt sind oder nicht, er steht jeden Morgen wieder auf der Matte – sobald wir die Augen aufschlagen.

JEDER VON UNS HAT EINEN MR. ED …

… und jeder Mr. ED war schon immer da: Er ist Teil von uns, denn in uns steckt die Weisheit, unseren Tag voll auszukosten und ihn magisch zu machen. Wir alle haben ja einen inneren Navigator, einen Kompass – nur finden wir ihn meist gerade dann nicht, wenn wir ihn am nötigsten bräuchten. Und da kommt Mr. ED ins Spiel: Er ist der Hüter unserer Weisheit und kann sie uns jederzeit ins Ohr flüstern. Oder brüllen, je nachdem. ☺ Wir müssen ihn bloß um Hilfe bitten – und schon kann er in Aktion treten.

Mr. ED hat lustige Ideen. Er liebt es, spontan zu sein und mit Hingabe zu genießen. Das Schöne ist: Wenn wir seine Hilfe annehmen, sind wir nicht mehr allein. Wir alle brauchen schließlich einen Unterstützer, ist es nicht so? Einen Ratgeber oder Trostspender. Einen treuen Zuhörer und Gesprächspartner, dem wir von unseren Zielen oder einem Projekt erzählen können und der uns motiviert, wenn wir selbst schon aufgegeben haben. Wir alle brauchen jemanden, der immer für uns da ist. Und da hebt Mr. ED begeistert die Hand und ruft: »Ja, ich kann!«

DER MAGIER, DIE ERSTE KARTE DES TAROT

Überall hier im Buch meldet sich Mr. ED zu Wort. Als unser Alltagsmagier schafft er dann magische Minuten mit seinem Zauberstab, in denen kurze Coachingübungen uns Erkenntnisse und Aha-Erlebnisse ermöglichen. Er öffnet seinen Zauberkoffer mit etwas umfangreicheren Übungen und Tricks für eine magische Alltagshaltung. Durch Mr. ED

Tarot – was ist das?

Der Tarot ist ein Satz aus 78 Spielkarten. Durch seine vielfältigen Bildbotschaften wurde er über viele Jahrhunderte zum Deutungssystem, das Wissen aus der Alchemie, der Astrologie, der Numerologie, der Farb- und Tiersymbolik und der Kabbala kombiniert. Karte 1 der großen Arkana bezeichnet den Magier: Auf diese Karte wird hier im Hinblick auf Mr. ED Bezug genommen, doch dafür musst du den Tarot nicht genauer kennen.

lernen wir bei alldem, wieder in Kontakt mit uns selbst zu kommen: Denn wenn wir mit ihm sprechen, dann unterhalten wir uns in Wirklichkeit mit uns selbst.

Mr. ED entstammt der Familie der Zauberer, also wollen wir mehr über diese Spezies erfahren! Schauen wir uns die erste Karte des Tarot an: den Magier. Er hat zwei Facetten: Er ist nicht nur Schöpfer, sondern auch Spieler und Gaukler. Er steht für die Sehnsucht und zugleich für das eigene Engagement: Alles ist möglich, doch nur dann, wenn wir auch unsere Kräfte einsetzen, um es möglich zu machen. So zeigt uns der Magier das Erschaffen einerseits und das Spielen andererseits als die Zwillingskünste des Lebens. Eine faszinierende Mischung, die aber unsere Aufmerksamkeit braucht, um in Balance zu bleiben, wenn wir uns ein magisches, leuchtendes Leben schaffen wollen.

DER MAGIER LÄDT DAS LEBEN EIN

Die Kreativität des Magiers – der Zauber, der ihn umgibt – ist ein Ausdruck von Inspiration. Inspiration ist so wichtig, dass Mr. ED ihr in diesem Buch gleich das ganze nächste Kapitel gewidmet hat. Doch so viel sei vorweggenommen: Erzwingen lässt Inspiration sich nicht. Sie ist keine Belohnung für sturen Ehrgeiz, denn ihr Wesen ist eine Nicht-Garantie. Für einen magischen Alltag müssen wir also etwas ein-

Der Magier steht für das Vorwärtskommen: ganz organisch, nicht erzwungen, dafür mit Inspiration durch höhere Mächte.

MR. EDS WEISE WORTE

Öffne ein Fenster!

Öffne in deinem Kreisel vertrauensvoll ein Fenster, damit der Alltags-zauber hereinwehen kann – selbst wenn du fürchtest, dadurch langsamer zu werden. Einen Versuch ist es wert, bedenke: Der Magier – alias Mr. ED – steht dir dabei zur Seite. Also, was soll passieren?

kalkulieren, das gar nicht kalkulierbar ist. Inspiration will eingeladen werden. Der Magier lebt diese Einladung durch seine lebensbejahende Haltung und sein unerschütterliches Vertrauen. Er symbolisiert den hoffnungsvollen Neustart – den ersten Schritt auf einem noch gänzlich unbekannten Weg: Wann immer er ihn mutig wagt, reicht er der Inspiration die Hand zum Tanz.

Er verfügt über Schwung und Dynamik – und zugleich über die Vorstellungskraft und die Ideen, um seinen Schritten Inhalt zu geben. Er zaudert nicht, sondern weiß, was getan werden muss, um sich Fülle und Wunder zu eigen zu machen. Warum? Weil er auf die schöpferische Quelle in sich selbst vertraut. »Du wirst deine Probleme meistern«, sagt er uns – und genau das sind auch Mr. EDs Worte!

Begegnen wir ihm zum ersten Mal, bringt das frischen Wind in unser Leben: neuen Schwung, neue Möglichkeiten und neues Selbstvertrauen. Auf seinen Rat hin lassen wir die Herzstimme unser Wegweiser sein und stellen erstaunt fest, wie sich die glücklichen Zufälle in unserem Leben häufen. Hindernisse scheinen in solch günstigen Momenten wie weggeblasen. »Inspiration als Weg«, so nennt es Mr. ED. Eine herrliche Vorstellung, oder?

Also: Lass die Sorgen los, die Grübelei, das angestrengte Nachdenken, dann hast du eine Hand frei für die Inspiration, wenn sie gerade vorbeifliegt wie ein Luftballon.

RAUS AUS
DER VERSTEINERUNG

Wir sitzen im Auto und fragen uns, ob wir schnell heimfahren oder doch noch einen Spaziergang machen sollten. Da biegt vor uns ein Lkw ein mit der Aufschrift: »Jetzt ist der beste Moment!« Wir suchen nach einer Information – und bekommen zufällig ein Gespräch mit, in dem die gewünschte Antwort fällt. Wir müssen eine Entscheidung treffen – und plötzlich zeigen kleine Zeichen uns den Weg.

Alltagzauber spielt häufig mit Synchronizitäten, also Zufällen, bei denen sich die Dinge wie von selbst ineinanderfügen: Es sind kleine (oder große!) Glücksfunken – und jeder Funke hält wertvolle Information für uns bereit. Leider übersehen wir sie als rotierender Kreisel oft, denn uns fehlt schlichtweg die Zeit. Unser Leben lässt immer weniger Platz für Spontanes oder Zufälle. Stattdessen navigieren wir nur noch mit dem Verstand und der Taktung der Uhr. Vielleicht lässt sich das Leben nicht von jetzt auf gleich und auf Knopfdruck ändern. Doch Mr. ED meint, es ist höchste Zeit, dass wir unsere Versteinerung erkennen und die Entscheidung treffen, etwas zu ändern. Er sagt: »Komm, lass uns beherzt viele kleine Schritte gehen – einen nach dem anderen!«

MR. EDS WEISE WORTE

Ein zauberhafter Neuanfang

Lass den magischen Funken wieder in dein Leben! Als Magier sage ich dir: Du schaffst es! Ich bin das Omen des zauberhaften Neuanfangs! Oder anders gesagt: Ich bin da und jetzt kann es losgehen! ☺

Was gibt es Besseres als
einen Begleiter voller Tatendrang
und magischer Zuversicht?

SPRICH MIT MR. ED

In diesem Buch wird es genügend Übungen geben, in denen wir mit Mr. ED an unserer Versteinerungsauflösung arbeiten. Der Alltagsmagier zeigt uns, wie wir uns selbst wieder mitfühlend wahrnehmen. Er zaubert uns eine Brücke zu unserer Herzstimme: Er ist ein Dolmetscher, der sie für uns verständlich macht, wenn wir sie noch nicht (oder nicht mehr) von selbst verstehen. Er ist ein Verknüpfer, der uns wieder mit unserer Kraft, unserer Kreativität und Begeisterung verbindet. Und er hat ein kleines Taschenlämpchen, mit dem er auf die hilfreichen Winks und Zeichen leuchtet, die auf unserem Weg zu finden sind. Außerhalb der Übungen kannst du natürlich auch jederzeit einfach so mit ihm sprechen, indem du ihm deine Fragen stellst – laut oder in Gedanken. Zum Beispiel kannst du ihn fragen: »Soll ich jetzt noch arbeiten oder lieber eine Pause machen? Soll ich die Entscheidung jetzt treffen oder lieber noch abwarten? Soll ich … ?« Dem Thema deiner Frage ist keine Grenze gesetzt. Und oft zeigt sich die Antwort fast unmittelbar als deutliches Gefühl. Mithilfe von Mr. ED kannst du wieder in Kontakt mit deiner inneren Führung kommen. Schon Sokrates hat den Wert der inneren Stimme erkannt – er nannte sie Daimonion und sah sie als göttliches Geschenk. Ihre Funktion sei vor allem, uns von Schritten und Entscheidungen abzuraten, die ungünstig sein könnten – was Sokrates veranlasste, sich stets an diese Stimme zu halten. Und Sokrates war bekanntlich ein kluger Mann.

MR. EDS MAGISCHE MINUTE
Begegne deinem Mr. ED

Schließ die Augen, entspanne dich und wende deine Aufmerksamkeit nach innen. Lass in dir das Bild von deinem persönlichen Mr. ED entstehen. Wie sieht er aus, dein täglicher Begleiter und treuer Berater? Er steht nun vor dir. Siehst du sein Gesicht? Vielleicht lächelt er und freut sich, dich zu sehen? Welche Farbe hat sein Gewand? Hat er einen langen weißen Bart? Stell dich ihm auch vor und sag ihm, dass du dich auf die Zusammenarbeit freust!

WIE SIEHT DEIN MR. ED AUS?

In jedem von uns sitzt ein ganz eigener Mr. ED – als Stimme unserer inneren Sehnsucht und Lebensweisheit. Jeder Mr. ED kann anders aussehen, sich anders bewegen, anders klingen. Als Zauberer kann er auch jede erdenkliche Form oder Größe annehmen. Hast du Lust, dich nun mit deinem persönlichen Mr. ED bekannt zu machen?

Wenn du dich früher oft allein gefühlt hast, hast du nun einen Mr. ED an deiner Seite. Wie fühlt sich das an? Wenn du bisher oft nicht wusstest, wem du deine Fragen stellen sollst, wird dir Mr. ED nun zuhören – und er wird Rat wissen!

Bedenke: Er trägt unendlich viele Ideen in seinem Zauberköfferchen. Der Kontakt zu deinem inneren Alltagsmagier wird dein Leben ab sofort unendlich bereichern, denn zusammen seid ihr ein Dreamteam. Er hilft dir, wieder an deine Begeisterung, deine Spontaneität, deine Kreativität – kurz, dein Gewinnerpotenzial zu kommen. Gemeinsam mit dir legt er dein inneres Wissen frei, sodass du es freudig in deinen Alltag einbringen kannst.

DEIN JA ZU DIR MACHT DEINEN ALLTAG MAGISCH

Mr. ED kennt die ganze Wahrheit über dich, denn er war ja schon immer da. Er weiß, wie du dich Tag für Tag fühlst, mit welchen Menschen du dich umgibst, was du liebst und wovor du dich fürchtest. Er kennt deine geheimsten Träume und er hat grenzenlose Geduld mit dir. Wenn wir jemanden heiraten, dann sagen wir Ja zu ihm – doch wir haben meist nie Ja zu uns selbst gesagt. Verkehrte Welt, oder? Unser Leben kann doch erst anfangen, wenn wir uns selbst bejahen, sonst können wir eigentlich zu gar nichts Ja sagen. Dieses »Ja« steht für unsere Grundbereitschaft, dem Leben und uns selbst eine Chance zu geben. Daher ist es ein wichtiges, ein alles andere tragendes »Ja« – und es hat nichts damit zu tun, dass wir grundsätzlich zu allem Ja sagen, ohne nachzudenken. Doch dafür haben wir ja Mr. ED – er hilft uns, herauszufinden, wann ein »Ja« und wann auch mal ein »Nein« angebracht ist. Beide hängen zusammen, denn ein »Ja« zu dir selbst zeigt, dass du für dich einstehst, indem du zu anderen auch mal Nein sagst.

MR. EDS MAGISCHE MINUTE

Dein Ja zu dir selbst

Was bedeutet es, Ja zu dir selbst zu sagen? Wo hast du dich selbst, deine Bedürfnisse, Stärken und Talente bisher nicht gesehen? Nimm ein Blatt und notiere deine Gedanken dazu, ohne groß nachzudenken. Diese Technik nennt man »Impulsantwort« – diese Antwort kommt aus dem Herzen, noch bevor der Verstand sich einschalten kann.

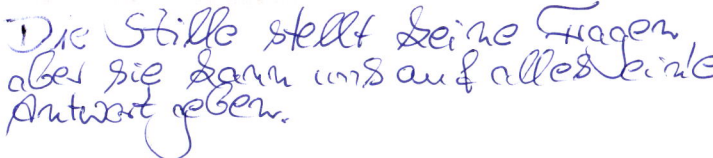

Die Stille stellt Deine Fragen aber sie kann uns auf alles Deine Antwort geben.

Mr. ED öffnet auf dieser Seite zum ersten Mal seinen Zauberkoffer für dich! Er verwahrt darin Tipps und Tricks, um deinem Alltag einen magischen Glanz zu verleihen. ☺ Die erste Zauberkoffer-Übung heißt »Feiere dein Lebens-Ja« – und Mr. ED empfiehlt, dieses Ja sogar regelmäßig zu erneuern – als kleines Ritual, das du dir selbst schenkst. Dein Ja-Tag kann dein Geburtstag sein, muss aber nicht. Vielleicht hast du da zu viel Trubel. Dann wähle ein ruhigeres Datum. Denn ist es nicht verlockend, sich Zeit zu nehmen, um freudig Ja zu sich selbst zu sagen?

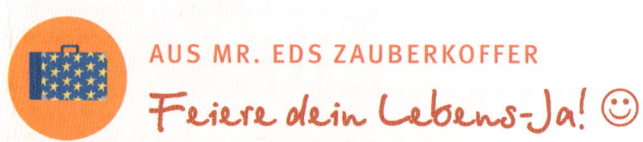

AUS MR. EDS ZAUBERKOFFER
Feiere dein Lebens-Ja! ☺

Gestalte einen Tag oder einen Abend für dich, an dem du dir feierlich ein Ja zu deinem eigenen Leben gibst. Setze ein Datum für dein Ja-Event fest und trage es in den Kalender ein. Es wird deinem weiteren Leben eine besondere Magie verleihen! Überlege, was du zu diesem Anlass tun kannst.

- Möchtest du Kinderfotos von dir ansehen?
- Möchtest du Gründe sammeln, weshalb es sich zu leben lohnt? Dir bewusst machen, wofür dein Herz schlägt?
- Möchtest du überlegen, was du besonders an dir magst? Oder welche Dinge dich mit Glück erfüllen?
- Vielleicht möchtest du einen Blumenstrauß kaufen – von dir für dich?
  Blumen sind das Lächeln der Erde.
- Gibt es einen bestimmten Ort, an den du schon lange mal gehen wolltest?
- Gibt es etwas aus deiner Vergangenheit, das noch ungeklärt ist?
- Gibt es ein Projekt, das du schon längst starten wolltest?

- *Alles was mich glücklich macht darf in meinem Leben bleiben*

ES KANN LOSGEHEN

Dein Lebens-Ja ist eine wunderbare Voraussetzung für die Zusammenarbeit mit deinem Alltagsmagier Mr. ED, denn in den nächsten Kapiteln hat er viel mit dir vor! Er möchte dir das magische Inspirations-Pentagramm vorstellen und gemeinsam mit dir ein zauberhaftes Design-your-Day-Poster gestalten; er möchte seine sexy Alltagstricks mit dir teilen und sodann die Gemütlichkeit hochleben lassen. ☺ Zum Schluss überreicht dir Mr. ED feierlich sein magisches Alltagsmanifest. Wenn du also magst, dann koch dir jetzt einen schönen Tee und mach das Kaminfeuer an. Oder du holst einen Kaffee und eine Kerze. Oder du setzt dich auf die Terrasse in die Sonne – tue ganz einfach, wonach dir ist, um dich für die kommenden Seiten so richtig wohl und entspannt zu fühlen.

Doch was ist das? Hörst du auch eine Stimme? Mr. ED scheint sich gerade mit einem Kollegen zu unterhalten. Zufällig bekommst du das Gespräch mit – und findest es ziemlich spannend! Denn es sind einige Aha-Momente für dich dabei ...

MR. EDS MAGISCHE MINUTE

Gespräch unter Zauberern

Schließ die Augen und sieh Mr. ED im Raum deiner inneren Bilder. Er trinkt Tee mit einem anderen Zauberer und erzählt ihm von dir. Der andere Zauberer fragt: »Was ist sie/er (gemeint bist du!) denn für ein Mensch? Wie packt sie/er die Dinge im Alltag an? Welchen Rat würdest du ihr/ihm gern geben?«

Was antwortet Mr. ED?

Mr. EDs Pentagramm

Inspiration können wir nicht auf Knopfdruck herbeizitieren, aber sie lässt sich herzlich gern von uns einladen! In seiner ersten Lektion öffnet Mr. ED seinen Zauberkoffer und weiht uns in sein magisches Pentagramm ein: Es ist ein über Generationen weitergetragenes Rezept seiner Familie, um zum Inspirationsmagneten zu werden. Magische Alltagsgestaltung beginnt mit der inneren Haltung – doch was Pakete von der Oma, lautes Singen im Auto oder Entrümpelungsaktionen damit zu tun haben, das erklärt dir Mr. ED am besten selbst.

WERDE
ZAUBERLEHRLING

Ein Magier bringt spielerisch Dinge in Gang, ohne sie zu erzwingen. Er legt beherzt seinen Einsatz in die Waagschale. Er tut, was ihm möglich ist, und lässt dann los: Eine Hand des Magiers auf der Tarotkarte weist nach oben, denn er gibt das Gelingen an die höheren Mächte ab. Wer genau diese sind, kann offenbleiben, das spürt jeder für sich selbst. Magie ist schöpferische Bewegung, die nicht erklärbar oder kalkulierbar ist – aber möglich: eine plötzliche Einsicht, die uns die Sicht freigibt in eine andere Welt. Ein kurz gewährter Blick über den Tellerrand oder hinter die Kulissen, sodass wir intuitiv einen Zusammenhang verstehen. Ein Zufall, der eigentlich nicht wahr sein kann – und uns eine neue Sichtweise oder gar eine verwandelte Situation verschafft. Magie bringt uns Inspiration, also das Empfinden, im Einklang zu sein, weil wir für einen Moment mit dem großen Ganzen in Kontakt stehen.

INSPIRATION EINLADEN

Leider kommt Inspiration eher nicht in unser Leben, wenn wir wie ein Kind mit dem Fuß aufstampfen und wütend nach ihr verlangen. Sie lässt sich auch nicht kaufen oder erzwingen. Mr. ED meint: Inspiration will eingeladen werden! Sie möchte hofiert sein und sie möchte sehen, dass wir ihr zu Ehren vorher den Kaffeetisch decken, um sie zu empfangen. Es ist ein Spiel der Kontaktaufnahme, des Vertrauens, Abwartens und zuletzt des Staunens – so ähnlich, als ob wir uns verlieben. ☺ Und damit ist klar: Es ist nichts für einen Kreisel, der im Eiltempo unterwegs ist, um Kegel umzuhauen. Doch wer könnte die Freude der Inspiration wieder lernen, wenn nicht wir, wo wir einen Alltagsmagier an unserer Seite haben? Das Geheimnis liegt darin, uns vertrauensvoll wieder zu öffnen – und wie das gehen kann, erklärt Mr. ED auf den folgenden Seiten.

Sei ab heute Zauberlehrling

Sei ab heute mein Zauberlehrling! Ich zeige dir in diesem Kapitel, wie du zum Inspirationsmagneten wirst. Der Schlüssel dazu ist mein magisches Inspirations-Pentagramm. Das Zeichen des Pentagramms wird auch als Stern der Magier oder Stern der Weisen bezeichnet: Es ist von jeher ein magisches Symbol für Schutz, aber auch für die eigene Kraft.

DAS MAGISCHE INSPIRATIONS-PENTAGRAMM

Als Eltern schenken wir gern mal ein bisschen mehr, wenn der Spröss-ling sich leidenschaftlich über seine Geschenke freut und sich jedes Mal aus vollem Herzen bedankt. Ähnlich ist es laut Mr. ED mit der Inspira-tion: Wir können lernen, auf einem Level zu leben, auf dem sie uns geradewegs zufließt, weil wir unser Lebensgefühl darauf einstellen. Wie bei einem Radiogerät drehen wir am Regler, richten ihn neu aus – und wir empfangen den Inspirationskanal! Anfangs mag sich das seltsam anfühlen, weil wir lange Zeit einen anderen Kanal gewöhnt waren. Aber mal ehrlich: Was haben wir zu verlieren, wenn wir den Kanal wechseln? Mr. ED meint: Trau dich, denn einen Versuch ist es wert. Mehr noch: Er verspricht dir, du wirst keinen anderen Sender mehr wollen. ☺ Als Vorarbeit ist nur ein klein wenig Theorie nötig – aber keine Sorge, nicht viel! Dafür öffnet Mr. ED seinen Zauberkoffer für dich und präsentiert sein geheimes Wissen – das Inspirations-Pentagramm!

Dies ist ein feierlicher Moment, meint Mr. ED: Wenn du magst, dann koch dir noch schnell einen guten Tee, bevor es losgeht. Oder mach ein paar tiefe Atemzüge auf der Terrasse. Oder mach den Kamin an! Hauptsache, es ist gemütlich. ☺

Online sein

- dich verbunden fühlen
- dein Potenzial entdecken
- begeistert leben

5

Das magische Inspirations-Pentagramm

Ein Leben auf dem Inspirationslevel steht
auf fünf Grundpfeilern – und damit ergibt sich
das klassische Sternbild des Pentagramms.
Keiner der Sternzacken steht für sich allein:
Nur zusammen ergeben sie den Zaubertrank,
der uns zum Inspirationsmagneten macht.

Vertrauen

- loslassen
- trotzdem weitermachen
- dein Bestes geben – und dabei
  mit Hilfe »von oben« rechnen

4

Echt sein

1
- Verbindung zu dir selbst aufnehmen
- deine innere Wahrheit finden
- authentische Entscheidungen treffen

Versöhnt sein

2
- die Umstände annehmen, wie sie gerade sind
- aus dem Widerstand heraustreten
- weniger bewerten

Einfach sein

3
- weniger ist oftmals mehr
- die Umstände ent-komplizieren
- klare Prioritäten setzen

ECHT SEIN

Dies ist der erste Pfeiler des Inspirations-Pentagramms – und da will der Alltagsmagier gar nicht lange um den heißen Brei herumreden. Er fragt, ob du Zeit für eine kleine Übung hast, und lädt dich ein, dich mal ruhig hinzusetzen – und alles Gedudel um dich herum auszuschalten. Es wäre wichtig, sagt er, denn es geht darum, über deine innerste Wahrheit nachzudenken! Mal ehrlich – hast du das schon mal getan? Dir klargemacht, wofür du lebst? Wofür dein Herz schlägt? Wofür du stehst? Deine innerste Wahrheit bildet dein Lebensfundament: Sie kann dich durch schwierige Lebensphasen tragen.

MR. EDS MAGISCHE MINUTE
Deine innerste Wahrheit

Nimm einen Stift und ein Blatt und notiere als Überschrift die Frage: Was ist meine innerste Wahrheit?

Nun schreibst du, ohne lang nachzudenken, alle Antworten auf, die dir kommen. Falls es stockt, lenke deine Aufmerksamkeit auf dein Herz, damit dein Verstand nicht einspringt und zu grübeln beginnt.

Wenn du magst, häng deine Wahrheiten an einen Ort, an dem sie dir täglich begegnen, zum Beispiel an die Innenseite deines Kleiderschranks. Sollten dir die nächsten Tage weitere Punkte einfallen – oder sollten sich andere oder noch klarere Formulierungen ergeben –, umso besser! Deine Liste darf sich, gemeinsam mit dir, weiterentwickeln. Indem du dir die Frage nach deiner innersten Wahrheit stellst, forderst du dein Unterbewusstsein auf, für dich Antworten zu sammeln, und dieser Prozess kann noch Tage andauern.

Diese Minute wird dir im Handumdrehen ein neues Lebensgefühl bringen. ☺ Schließ die Augen und frage dich: Wie geht es mir?

Nimm dir genug Zeit, um deiner Antwort zuzuhören und sie auf dich wirken zu lassen. Sie hilft dir, dich selbst besser zu verstehen. Denn: Erst wenn du weißt, wie du dich fühlst, kannst du auch gut für dich selbst sorgen und deine Kraftreserven wieder füllen, wenn dies nötig ist.

Wow – welche Erkenntnis: Du hast dich tatsächlich mal gefragt, wie es dir selbst geht. Es ist ein bisschen wie Fensterputzen, nicht wahr? Plötzlich ist die Sicht klarer. Mr. ED sieht es als Schlüsselfrage auf dem Weg, authentisch zu werden: Es ist einfach sinnvoll, uns selbst achtsam zu begegnen, bevor wir Entscheidungen fürs Leben treffen. Denn wie sollen wir ein Leben gestalten, das zu uns passt, wenn wir über uns selbst und unser Befinden eigentlich gar nichts wissen?

IS THIS ME?

Echt sein bedeutet, dass du dir den Zugang wieder frei machst zu deinem inneren Leuchten. Es ist dein Wegweiser, es sagt dir, in welche Richtung es geht. Unterscheide: »Was bin ich, was bin ich nicht? Was passt zu mir und was nicht?« Ob Gedanken und Gefühle, Dinge, Menschen oder Umstände: Wir räumen mal auf und schaffen weg, was uns die Sicht versperrt. Wie klingt das für dich?
Im Englischen gibt es als Entscheidungshilfe die Frage: »Is this me?«, »Entspricht mir das? Drückt es aus, wer ich wirklich bin?«

MR. EDS MAGISCHE MINUTE

Magisches Klarheits-Blitzlicht

Geh ein paar Fragen durch und überprüfe jedes Mal: Is this me?

- Wenn du dich in deinem Zimmer umschaust – gefällt dir die Atmosphäre?

- Und was hast du heute an? Ist dieser Pulli wirklich der, den du tragen möchtest? Passt die Jeans zu deinem liebsten Lebensgefühl?

- Ist das die Frisur, die deine Persönlichkeit ausdrückt?

- Was tust du gleich noch, was steht in deinem Kalender? Willst du das auch wirklich oder steht dir der Sinn eigentlich nach etwas ganz anderem?

Mr. EDs magisches Klarheits-Blitzlicht oben auf der Seite hilft dir, die Frage gleich mal in einem praktischen Test anzuwenden.

»Is this me?« eignet sich auch als Kurzcheck für unsere Alltagsperformance: Du hast gerade ein Treffen zugesagt, obwohl du absagen wolltest? Du hast deine schlechte Stimmung an jemand anderem ausgelassen? Du hast dich nicht getraut, Klartext zu reden? Frage dich: »Is this really me?« Wenn nicht, überlege mal, wie du dich echter verhalten kannst, also mehr so, wie du eigentlich sein möchtest. Das braucht natürlich Mut – und du kannst ja trotzdem höflich bleiben. Doch bleib vor allem dir selbst treu, denn damit fühlst du dich einfach um Längen besser. »Ich fühle mich wohl in meiner Haut«: Wer das von sich (immer öfter) behaupten kann, hat gute Chancen auf eine Inspirationsflatrate! Erinnerst du dich, dass du Ja zu dir selbst gesagt hast? Also hab den Mut, authentisch zu sein und dich im Zweifelsfall für dein Bauchgefühl zu entscheiden – anstatt für die Anforderungen von außen.

DIE REISE ZU DIR SELBST

Wenn du Echtheit in deinem Leben schaffen willst, hast du dir eine Menge vorgenommen. Allein für den Vorsatz darfst du dir schon mal auf die Schulter klopfen (… und sich selbst zu loben schadet übrigens nie, meint Mr. ED ☺). Die Suche nach dem echten Ich ist eine Entwicklung, die nicht von jetzt auf gleich abgeschlossen ist. Du beginnst an einer Stelle, und fühlt sich diese echt an, dann fällt dir schon der nächste Bereich ein, wo du weitermachen kannst. Es ist eine Reise! Für manche bedeutet echt sein, mehr eigene Entscheidungen zu treffen. Andere beginnen, ihren Alltag neu zu planen, und überlegen, was sie eigentlich wirklich mit ihrer Zeit anstellen wollen. Oder wir sortieren erst mal kräftig aus – im Kleiderschrank, im Keller, selbst bei den Kontakten im Adressbuch. Dabei fällt eine große Last von uns ab. Es gibt kein vorgezeichnetes Rezept für die Reise zu unserem echten Ich: Der magische Funke springt von einem Bereich in den nächsten – und in diesem Buch liefert dir Mr. ED immer wieder Ansätze dafür.

MR. EDS MAGISCHE MINUTE
You've got mail!

Schließ die Augen und schau gedanklich in dein E-Mail-Postfach. Dort findest du eine Mail von Mr. ED: Als dein Alltagszauberer weiß er genau, wie du dich gerade fühlst und was deine Highlights und Baustellen sind. In der Mail kannst du seine Einschätzung über dich lesen, er sendet dir einen Bericht, wie es gerade bei dir läuft! Was schreibt er? Und was an deiner momentanen Situation oder deinen Gefühlen wird dir dadurch klarer?

VERSÖHNT SEIN

Streit und Wut sind unproduktive Gesellen, wenn es darum geht, die Inspiration anzulocken – darum ist die zweite Säule des Inspirations-Pentagramms das Versöhntsein. Es mag durchaus mal angebracht sein, die Wut rauszulassen. Und es fordert auch niemand, dass du anderen alles durchgehen lässt. Aber hier geht es um deine innere Versöhnung: Trage nicht mehr so schwer an deinem Frust.

Nach innen gefressener Ärger kann dir die Sicht nehmen und deine Frontscheibe zufrieren lassen. Dann bist du blind für Freude, Chancen und schöne Zufälle. Deine Gedanken kreisen nur noch um Mist und Scherben, ohne dass es dir etwas nützen würde. Und ist dir schon mal aufgefallen: Wir hadern in den meisten Fällen nicht mit anderen – sondern mit uns selbst!

Doch es gibt einen Türöffner: uns erst mal so sein zu lassen, wie wir sind. Unsere Gefühle da sein zu lassen, damit wir sie überhaupt erfahren können. Denn oft denken wir sehr schnell: »Das darf so nicht sein. Es müsste vollkommen anders sein. Ich muss mich zusammenreißen!« Dann verstellen wir uns, legen uns einen Schutzpanzer zu und setzen Masken auf. Und wir sind schon so daran gewöhnt, dass wir es nicht mal mehr merken.

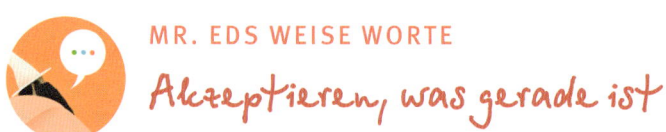

MR. EDS WEISE WORTE

Akzeptieren, was gerade ist

Der Weg führt immer zuerst über das Wahrnehmen und Akzeptieren. Du ortest erst mal, wo du stehst, nur dann kannst du dein Navi auf dein Ziel hin programmieren. Gibst du aber einen falschen Startpunkt ein (nach dem Motto: »So bin ich nicht, ich bin ganz anders!«), kann dein Navi nicht richtig arbeiten. Klingt logisch, oder?

Egal, was du gerade durchmachst: Drück es nicht weg, sondern erlebe das Gefühl, denn es hat eine Botschaft für dich! Ist diese angekommen, kann es weiterziehen. Bekämpfst du das Gefühl aber schon, ehe es hochkommen durfte, gehst du in den Widerstand – und hältst es gerade dadurch fest! Du ärgerst dich über die Nachbarin? Gut, dann drück den Ärger nicht sofort weg, sondern lass ihn einmal durch dich fließen. Hab Mitgefühl mit dir selbst. Und dann kannst du dich ja vielleicht mal in ihre Perspektive versetzen und verstehst sie auch ein wenig besser. Dein Ärger gehört zur Erfahrung und zum Ausdruck deiner selbst: Er wollte dir vielleicht zeigen: Achtung, hier ist Vorsicht geboten. Hier musst du gut auf dich achten und mit Bedacht handeln. Hier musst du genauer hinschauen, damit sich der Knoten löst – und dabei kannst du eine wertvolle Erfahrung machen!

ES IST OKAY

Geh durch den Tag und strahle aus: »So fühle ich mich und es ist okay.« Versuche nicht, gleich etwas zu verändern. Warte ab, was deine versöhnte Haltung von selbst bewirken kann! Du stehst nicht unter Druck, etwas tun zu müssen. Mr. ED schwört auf die mitfühlende Selbstwahrnehmung, ohne dass wir uns dabei selbst bewerten.
Beizeiten hilft auch ein wenig Humor. Heute schon gelächelt? Die Absage im Briefkasten, die Heizung bei Minusgraden kaputt und dazu noch Zahnschmerzen? Heute schon gelacht? Und bedenke: Der Grundsatz des Magiers ist, sein Bestes in die Waagschale zu geben. Für uns als Zauberlehrlinge sollte der Satz »Ich mach das Beste daraus« zu unserem täglichen Mantra werden. Mehr können wir nicht tun, aber das schon. Dann haben wir uns nichts vorzuwerfen, im Gegenteil, wir dürfen uns zurücklehnen und abwarten, ob unser Bestes vielleicht schon einen magischen Funken gezündet hat.
Am besten machen wir uns schon mal frisch und stellen Blumen auf den Tisch – bereit, das tolle Geschenk, das uns gleich vor die Füße purzeln wird, auch in würdiger Haltung entgegenzunehmen.

Du liegst immer noch im Bett und tust dir leid? Hast keinerlei Motivation? Lächle ein wenig, schon geht es dir besser! Na? Frieden schließen, trotz allem dein Bestes geben und dann loslassen – dieses Trio kann wahre Wunder bewirken. Probiere es mal.

Mr. ED rät: Bewerte weniger! Denn ständig (und oft zu voreilig) zu urteilen, raubt dir Kraft. Warte doch erst mal ab, statt gleich die Hände über dem Kopf zusammenzuschlagen. Sicher, eine Drama-Queen oder ein Drama-King zu sein, das haben wir uns über die Jahre mühevoll antrainiert (und das war auch eine Leistung ☺). Aber nun wissen wir es besser: Gelassenheit ist einfach gesünder – für alle Beteiligten.

JEDER HAT IMMER EIN BISSCHEN RECHT

Jeder hat seine Perspektive – und Missverständnisse sind an der Tagesordnung. Oft tragen wir verletzende Sätze (die vielleicht gar nicht so gemeint waren) ein Leben lang mit uns herum – während der Mensch, der sie mal gesagt hat, sich nicht einmal mehr daran erinnert! Sie werden zu tiefen Überzeugungen und prägen unser Selbstbild. Sie werden zu starren Glaubenssätzen, die wir für bare Münze nehmen. Gern geraten wir auch in die Wellen einer Diskussion, die gar nichts mit uns zu tun hat. Wir nehmen Gesagtes persönlich und verstricken uns darin – statt unsere Energie zu schützen. Hier bietet Mr. ED mit einer kleinen Technik seine Hilfe an.

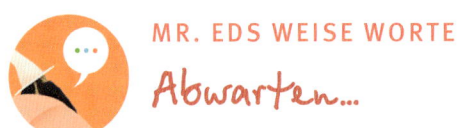

MR. EDS WEISE WORTE

Abwarten...

Eine alte Regel sagt: Warte in einer schwierig erscheinenden Situation drei Tage, bevor du beginnst, dich zu sorgen oder zu ärgern! Meist hat es sich bis dahin von selbst erledigt.

Mr. ED als Schutzpatron

Du merkst, ein Gespräch wird anstrengend und negative Gefühle kommen hoch? Dann bitte Mr. ED, für dich einzuspringen! Er kann neutral bleiben und fühlt sich nicht direkt betroffen. Stell dir einfach vor, wie er an deine Stelle tritt und das Gespräch fortführt: So gelingt es dir, gelassener zu bleiben und nicht so sehr ins Drama zu gehen. Denn wir neigen dazu, vieles gleich persönlich zu nehmen, obwohl das Gesagte vielleicht gar nichts mit uns zu tun hat.

NIMM HALTUNG AN!

Versöhnt zu sein, das fliegt uns nicht einfach zu – und eine Runde Jammern erscheint oft verführerischer. Sie darf auch sein, doch damit locken wir leider keinen Alltagszauber an.

Disziplin gehört daher zum täglichen Brot des Magiers: sich selbst immer wieder zu erinnern und die rechte Haltung anzunehmen. Und symbolisch dafür auch eine gute Körperhaltung: gerader Rücken, Brust raus und tief durchatmen. Durch seine innere und äußere Haltung verdient er sich seinen Titel – oder hast du schon mal einen Zauberer gesehen, der seinen Zauberstab in gebeugter Haltung schwingt?

Wir treffen die Entscheidung, versöhnt zu sein, um keine weitere Zeit in der Nicht-Inspiration zu verlieren. Wir wählen, welcher Stimme wir Gehör geben, und stellen uns, gemeinsam mit Mr. ED, schützend vor unsere Lebensenergie, statt unsere Zeit mit Hadern zu verschwenden.

Für uns gilt: Augen auf für die kleinen Inspirationsfunken im Alltag! Es sind leuchtende Wegweiser, auf denen steht: Spontanes Glück! Freude! Gute Idee! Schau dich um: Siehst du einen? Schnapp ihn gleich!

EINFACH SEIN

Versöhnt sein und einfach sein liegen nah beieinander, denn versöhnt fühlen wir uns gern dann, wenn alles einfach ist. Wenn nichts an uns zerrt oder in uns kämpft. Wenn wir eins nach dem anderen tun können, anstatt uns zu hetzen. Wenn Balance herrscht zwischen dem Zuviel und dem Zuwenig, dann kommen wir in den Zustand, einfach (nur) zu sein.

Wir dürfen dann einfach nur atmen: Alles ist aufgeräumt, die Sicht ist frei. Statt zwanzig Terminen nachzujagen, gehen wir nur mal an die frische Luft. Statt komplizierter Berechnungen gibt es ein Ja, das aus dem Herzen kommt. Kannst du fühlen, was einfach ist?

LÄCHELN IST EINFACH

Die beiden Worte »einfach sein« lassen sich auf verschiedene Art lesen: mit Betonung auf der Einfachheit – oder auf dem Sein. Doch beides deutet auf das Reduzieren hin, um zum eigentlichen Kern zu kommen. Wenn du beide Worte einmal laut sagst, hast du nicht auch das Gefühl, dass sie lächeln? Sie strahlen voller Zufriedenheit. Ebenso wie das Sein, das sich auf das Wesentliche beschränkt. Das die Aussicht genießt, anstatt sie online zu posten. Das bewusst atmet, anstatt zu hetzen. Da

MR. EDS MAGISCHE MINUTE

Wie lebst du einfach?

Nimm Blatt und Stift und mach ein Impuls-Brainstorming. Überschrift: »Was könnte Einfachheit für mich und mein Leben bedeuten?«

Mr. ED liebt diesen schlichten Ausspruch:
»Vereinfache. Vereinfache.«
Er ist von Henry David Thoreau.

sein, ohne etwas dafür tun zu müssen, dahin zielt unsere Sehnsucht. Das Beste ist: Wir können uns das Einfache zurückholen, indem wir die Aufmerksamkeit darauf lenken. Denn das Einfache ist einfach zu haben – das liegt in seinem Wesen. ☺ Es erscheint schon, wenn wir ein wenig langsamer werden und uns ans Atmen erinnern. Atmen, um zu merken, dass wir da sind – dass wir am Leben sind. Probiere es und atme mal bewusst ein und aus!

Die Rückkehr zur Einfachheit lässt uns wieder mehr im Jetzt sein, weil wir weniger Ablenkung haben, die uns von uns weg in die Vergangenheit oder Zukunft zieht. Die Einfachheit gibt den Blick auf das Wesentliche frei: auf den Tag, den wir gerade erleben. So wie es vielleicht früher normal war, möchte man meinen.

GRÜSSE AUS DEM MÜLLBERG

Früher brachte der Postbote uns dann und wann mal ein Päckchen und wir haben es mit Freude geöffnet. Heute ist alles komplizierter: Wir shoppen online ohne Ende, und kaum war der Paketdienst da, können wir eine Extrastunde für das Öffnen und Entsorgen der Kartons und Folien einplanen. Und dabei ertappen wir uns bei der Sehnsucht nach Einfachheit. Denn wir würden viel lieber nur ein einziges Päckchen öffnen, zum Beispiel so eines, wie es früher von Oma kam, und dabei in Ruhe eine nette Tasse Tee trinken!

Trenn die Spreu vom Weizen

Hier kommt die Zauberformel für ein einfaches Leben: Mehr vom Falschen lassen, mehr vom Richtigen zulassen … und sich ab und zu mal was von Oma schicken lassen. ☺

Onlineshoppen ist also nicht unbedingt eine zeitsparende Variante und schon gar nicht die erfüllendste. Und es stellt sich die Frage: »Habe ich das wirklich gebraucht? Oder kann ich wenigstens gleich fünf davon bestellen, damit nicht jedes in einem Einzelpaket kommt?« ☺
Wenn es so weitergeht, muss Mr. ED eigens ein Hilfebuch für Onlineshopping-Traumatisierte schreiben. Denn spätestens, wenn wir der Flut unserer Pakete, unseres Mülls und unserer in beides investierter Stunden nicht mehr Herr werden, ist Umdenken angesagt!

EINFACH SCHÖN

Einfachheit macht schön, wusstest du das? Wer etwas mit Hingabe erledigt, sieht schön aus, vielleicht macht es dieser in sich ruhende oder auch konzentrierte Gesichtsausdruck, den wir dabei haben. Leider ist Versunkenheit ein Luxus, denn während wir zwei Stunden lang Pakete auspacken, rinnt uns unsere wertvolle Zeit davon. Dann eben morgen! Doch morgen klingelt auch wieder der Paketbote (der hier übrigens längst nicht mehr nur als Sinnbild für Pakete steht).
Wenn wir uns die Zeit nehmen, um uns bewusst zu etwas oder jemandem hinzuwenden, verbinden wir uns dadurch mit uns selbst. Wir nehmen zu uns selbst einen tieferen Kontakt auf. Wir nutzen eine Quelle, die uns verschlossen bleibt, wenn wir nur hetzen. »Du glaubst, du hast keine Zeit für Hingabe?«, fragt Mr. ED. »Dabei ist sie ein magisches Elixier, das dein Herz wieder erfüllt und dir Kraft schenkt.«

EINFACH IST NIE ZU VIEL

Einfachheit heißt Loslassen. Einfachheit fordert, dass wir zu hohen Ansprüchen den Laufpass geben und zufrieden sind, anstatt immer noch mehr zu brauchen. Wer zu viel (leisten) will und zu viel in sein Leben holt, macht alles kompliziert. Er jongliert mit zu vielen Bällen – der Ausgang des Ganzen ist absehbar. Im Wort zufrieden steckt Frieden. Frieden ist einfach – und Frieden ist nie zu viel.

Wer zu viele Möbel kauft, hat ein vollgestelltes Zuhause. Um in die Küche zu kommen, muss er ein Hindernisspringen veranstalten und drei Schränke verrücken, um dann unter Bergen von Dingen nach seiner Lieblingstasse zu suchen. Klingt anstrengend, oder?

Wer zu perfekt sein will, vergisst, dass auch er nur 24 Stunden pro Tag zur Verfügung hat. Und so hart es klingt: Es ist eine einfache Entscheidung, ob wir heute Überstunden machen oder ob wir unseren Kindern eine Gute-Nacht-Geschichte vorlesen. Immer gilt: Am Ende vom Tag ist der Tag gewesen. Für immer. Er kommt nicht zurück. Die Sehnsucht nach einem einfachen Leben ist die Sehnsucht nach dem friedvollen inneren Gefühl, dass alles, was heute sein sollte, auch seinen Platz in diesem Tag gefunden hat – und dass es bewusst erlebt und wahrgenommen werden konnte.

Und dabei gilt, das meint Mr. ED:

Weniger ist mehr.

So einfach ist das.

DIE WAHRHEIT IST EINFACH

Um die Dinge einfach zu machen, müssen wir bewusste Entscheidungen treffen, wir müssen aussortieren und entrümpeln. Mr. ED weiß: Das braucht Mut! Denn Einfachheit gibt den Blick frei auf die Wahrheit und oft haben wir ja gerade davor Angst. Uns ist jede Ablenkung recht, um die Wahrheit nicht sehen und die Leere hinter all den komplizierten Dingen nicht spüren zu müssen. Wir holen uns Gerümpel aller Art ins Leben, um die Sicht aufs Wesentliche zu verschleiern. Oder wir tun absichtlich das Gegenteil von dem, was uns guttut, und verknoten uns darin. Mr. ED sagt: Das ist menschlich und so verständlich! Doch es verbessert nicht die Lebensqualität! Frag dich doch mal: Was willst du wirklich? Und? Ist die Wahrheit am Ende nicht sehr einfach?

EIN VAKUUM FÜR WUNDER

Vereinfachen heißt, Kompliziertes zu entsorgen. Äußeres und inneres Gerümpel aus dem Weg zu räumen. Kurz: Du schaffst Platz! Es entstehen leere Räume, die wie ein Vakuum sind – sie möchten neu gefüllt werden, aber nun mit etwas Besserem, das wirklich zu dir passt.

MR. EDS MAGISCHE MINUTE

Seelenwellness

Notiere fünf Punkte, wie du dein Leben einfacher machen kannst. Wo traust du dich, etwas loszulassen? Wo wagst du mal den kühnen Sprung ins Leere?

Jede neue Einfachheit ist wie ein Raum, den du für Wunder öffnest. Sie ist Wellness für die Seele!

VERTRAUEN

Uiuiui, seien wir mal ehrlich: Mit dem Vertrauen ist es im Leben so eine Sache. Wir finden es mitunter sehr unangenehm, dass wir nicht wissen, was in der Zukunft auf uns zukommt und wohin uns die nächste Entscheidung führt. Klar ist: Mit ihr gehen zehn Türen zu. Doch was ist hinter der, die aufgeht? Die Erfahrung lehrt uns: nicht immer Schokolade, wie früher im Adventskalender. Und wer hat uns gefragt, ob wir überhaupt ständig Rätselraten spielen wollen? Wäre es nicht bequemer, wir könnten einfach bestellen, was wir wollen?

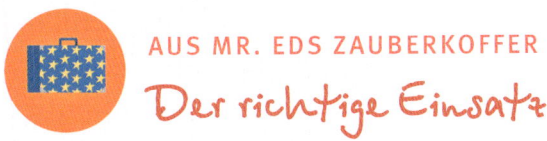

AUS MR. EDS ZAUBERKOFFER

Der richtige Einsatz

Im Grunde kann es funktionieren, dass du bestellst, was du haben möchtest! Doch dazu bist du selbst auch gefordert – es braucht deinen Einsatz!

- **Loslassen.** Kannst du dich darauf einlassen, dass dir Wege zur Wunscherfüllung gezeigt werden – ohne alles ängstlich kontrollieren zu wollen?

- **In die Leere springen.** Kannst du dich darauf einlassen, nicht die Lösung für jedes einzelne Detail zu kennen?

- **Teamwork.** Kannst du mit den höheren Mächten (Gott, das Universum oder wie auch immer du es nennen willst) zusammenarbeiten? Kannst du akzeptieren, dass du nicht alles allein machst?

Okay, du hast mich durchschaut. Ich hätte natürlich auch dreimal »Vertrauen« schreiben können. ☺ Genau das ist dein Einsatz.

Was hast du geantwortet auf die Fragen im letzten Kasten? Dreimal Nein? Keine Sorge, das ist auch nicht schlecht! Dann bist du ehrlich zu dir selbst und hast schon den ersten Pfeiler des Inspirations-Pentagramms (echt sein) verinnerlicht. Außerdem ist es sehr verständlich, denn: Dich wirklich in die Leere fallen zu lassen ist der größte Test, vor den das Leben dich stellen kann. Es fragt dich: »Kannst du mir auf Augenhöhe begegnen? Ohne mich zu sehr zu fürchten, aber auch, ohne mich ständig zu kontrollieren? Kannst du mir vollständig und ohne Vorbehalte vertrauen, selbst wenn deine Mitmenschen dir anderes raten? Kannst du mich als Partner anerkennen und dich auf mich verlassen? Denn dann verlasse ich mich auf dich!«

WAS SAGST DU DEINEM LEBEN?

Erkennst du das Prinzip, das dahintersteht? Wenn wir alles kontrollieren wollen, fühlt sich das Leben von uns ausgeschaltet, anstatt ebenbürtiger Partner zu sein. »Ich bin okay – du bist okay«, das lernen wir in jedem Seminar als Grundsatz für ein faires Gespräch. Dann gehen wir wieder in unser Leben und sagen ihm: »He! Du bist nicht okay!« Und wir wiederholen es immer wieder: »Du bist nicht okay! Du bist nicht okay!« Irgendwie auch verständlich, dass das Leben dann mal die Nase voll hat. Es reicht vorerst, den Mechanismus zu erkennen, denn sofort folgt der Impuls, dass wir es ja eigentlich gar nicht so meinen. Wir haben verständlicherweise einfach nur Angst – dürfen wir auch – und genauso können wir dem Leben zumindest schon mal gegenübertreten: versöhnt mit uns selbst. »Ich bin okay.« Das ist eine gute Basis für eine echte Begegnung!

Und dann üben wir ein wenig: Wenn wir ein »Leben, du bist okay« zulassen, dürfen wir dem Leben folgerichtig auch etwas mehr vertrauen, oder? Wir können ab und zu mal einen kleinen Hüpfer in die Leere wagen. Wir können testen, wie sich ein Schritt aus der Komfortzone heraus anfühlt. Und dann stellen wir vielleicht fest: So schlimm war es doch gar nicht! Oder sogar: Das hat sich gelohnt!

Und wir dürfen erwartungsvoll sein! Wenn du weißt, was du willst oder wohin du willst, dann bleib mal in diesem neuen Vertrauen und versuche, nicht zu zweifeln. Umso besser funktioniert dann das »Bestellen« von etwas Gewünschtem. Ersetze Zweifel durch Begeisterung und Vorfreude! Das ist leicht, denkst du? Nun, es hängt davon ab, in welcher Liga du spielst. Denn es braucht die unbedingte Achtsamkeit, eben nicht ständig ins Jammern abzudriften: Weil der Magier genau das beherrscht, hat er sich seinen Titel verdient.

STEH VOM SOFA AUF!

Solange du dich wohlfühlst und im Erfolg stehst, fällt es dir nicht schwer, vollkommen vertrauensvoll zu sein. Doch die große Falle ist für den Magier, dass er aus dem Glauben fällt und sein Vertrauen verliert. Davor muss er sich unbedingt hüten, denn: Hoffnungslosigkeit kappt jede magische Verbindung!

Denn was passiert, wenn der gute Wille nach dem Seminar langsam verebbt, die Begeisterung ob der netten Begegnung wieder dem Alltagstrott weicht, ein dunkler Winter dich mit seinen trüben Pranken in die Lethargie zieht und diese dich nach einem Nickerchen daran hindert, überhaupt noch aufzustehen? Was, wenn ein bitteres Schicksal dein Herz so schwer macht, dass du es kaum noch tragen kannst? Was, wenn dir dein Leben verfahren vorkommt? Wie fühlst du dich dann? Vertrauensvoll? Nein, verzweifelt!

Wir können selbst entscheiden, wie wir uns fühlen wollen, in jedem Moment.

MR. EDS WEISE WORTE

Gib dein Bestes!

Als Zauberlehrling verpflichtest du dich, nach höchsten Magierprinzipien zu leben. Also auch nach dem Grundsatz, täglich dein Bestes zu geben. Das heißt nicht, dass du perfekt sein musst – es heißt aber, dass du vom Sofa aufstehen sollst, wenn du dort schon seit drei Tagen liegst. ☺

Genau hier kommt Disziplin ins Spiel. Mr. ED meint nämlich, dass wir ganz bewusst die Entscheidung treffen können, wie wir uns fühlen wollen. Wie das? Schritt eins ist, dass wir uns über unsere Gefühlslage klar werden. Schritt zwei ist – ja, genau! – die wichtige Tatsache, dass wir unsere Gefühle so sein lassen, wie sie sind. Und um nun in den wohligen Zustand des Versöhntseins zu kommen, folgt der dritte Schritt: Wir beschließen einfach, uns versöhnt zu fühlen. Wir bitten Mr. ED, uns vom Sofa zu zerren. Wir bitten ihn, uns zu motivieren, aus unserem Tag etwas zu machen. Und als Erstes wird er uns immer daran erinnern, wie wertvoll unsere Zeitpakete sind.

Dein Bestes geben heißt, nicht zu resignieren. Dass du, so lange es eben geht, noch mal aufstehst und deinen Tag gut machst. Oder jemandem eine Freude machst. Dir selbst wieder Mut machst. Alles ist besser (für dich), als mutlos liegen zu bleiben! Erledige etwas Aufgeschobenes. Bereite schon mal alles für den morgigen Tag vor. Oder kauf dir Blumen und räum den Schreibtisch auf. Ist der Tag eh im Eimer? Egal, du machst noch eine Runde Sport und fühlst dich danach besser. Allein, dass du deine Körperhaltung veränderst (aufrichten, lächeln, tief durchatmen ☺), bringt dir schon einen Schub Lebenskraft!

Denn du bist Zauberlehrling – und ein Alltagsmagier gibt die Hoffnung nicht auf! Indem er sein Bestes tut, verdient er sich den Anspruch, in gleichem Maß auf die höheren Mächte zu zählen: Er vertraut.

ONLINE SEIN

Mr. ED hat uns sein Inspirations-Pentagramm gezeigt, als unsere grundlegende Lektion im Fach Alltagsmagie. Befassen wir uns damit, können wir uns eine Inspirationsflatrate schaffen. Die Basis dafür sind die bereits besprochenen Sternzacken: echt sein, versöhnt sein, einfach sein und vertrauen. Schaffen wir es, alle vier zu leben, dann sind wir fast schon automatisch online – die fünfte Zacke des Sterns. Wobei hier nicht das Internet gemeint ist. ☺

Online sein fühlt sich an wie die Begeisterung, das Leben zu umarmen. Wie ein Modem sagt dir dein Herz dann: »Die Verbindung ist hergestellt.« Blinkt dein Lämpchen, darfst du dein Glas heben und erst mal eine Runde feiern, wo auch immer du bist. Denn dann bist du da angekommen, wo wir als Zauberlehrlinge hinwollen: in den magischen Inspirationsmodus. Wir spüren in diesen Momenten, dass alles zusammenhängt – und dass unser Dasein eine Funktion im Gesamtgefüge hat. Wenn wir uns online fühlen, empfinden wir Sinnhaftigkeit in unserem Leben: Wie bei einem 3-D-Bild – aus dem heraus sich für die Augen ein ganz neues Bild aufbaut, wenn wir lange genug darauf schauen – zeigt sich uns plötzlich ganz klar, was zu tun ist, wo unser Weg ist und worin unsere Aufgabe besteht. Mehr noch: Wir empfinden dabei Freude einer ganz besonderen Art.

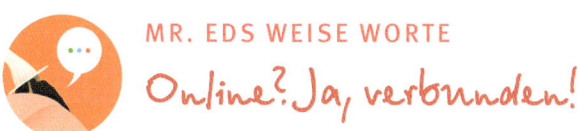

MR. EDS WEISE WORTE
Online? Ja, verbunden!

Online, damit meine ich »verbunden«: dieses magische Gefühl, sich einfach passend zu fühlen, im Flow zu sein, in Einheit mit dem, was ist. Angebunden an die Kräfte des Lebens und mit ihnen im stetigen Austausch: So gesehen bist du nie allein.

Um online zu sein, ist Vorarbeit nötig. Das ist ähnlich wie damals, als wir wertvolle Zeit und Gehirnschmalz investiert haben, um eine Netzverbindung übers Telefonmodem herzustellen. Schon ein paar wertvolle Onlineminuten bis zur nächsten Störung haben uns dann glücklich gemacht – vielleicht reichen sie gerade, um eine wichtige Mail abzuschicken. Wir waren fasziniert – und wollten mehr!

Heute haben wir Flatrates ins Internet. Der Grundsatz scheint also zu lauten: einmal online – immer (mehr) online! Wer sich einmal klarmacht, wie die Technik funktioniert, kann die Verbindung immer öfter und verlässlicher aufbauen. Das sind doch gute Aussichten!

Je echter, einfacher, versöhnter und vertrauender du wirst, desto öfter kann das Onlinegefühl kommen: Es schleicht sich an wie ein kleiner Vogel, der sich im gemachten Nest pudelwohl fühlt. Mr. ED hat jetzt zwei Blitzübungen für dich, um dem Vögelchen ein wenig auf die Sprünge zu helfen. Probiere sie aus!

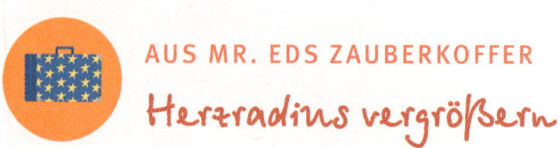

AUS MR. EDS ZAUBERKOFFER
Herzradius vergrößern

Setz dich auf einen Stuhl und stell die Füße auf den Boden. Schließ die Augen und spüre, wie deine Fußsohlen mit der Erde verbunden sind. Dann lass sie sich öffnen, sodass die Energie aus der Erde durch sie hindurch in deinen Körper hochfließen kann – und ihn energetisiert.

Nun richte deine Aufmerksamkeit auf dein Herz. Freu dich darüber, dass es schlägt. Stell dir vor, wie es seinen Energieradius immer mehr vergrößert, bis er deinen ganzen Körper, dein Zimmer, dein Haus und die ganze Stadt umfasst. Spürst du die Verbundenheit?

Schließ deine Augen und atme tief durch, um dich zu entspannen. Nun stell dir vor, dein Körper hätte eine Verbindungsleitung, mittels derer du pure Lebensenergie tanken kannst! Du schließt nun diese Leitung an eine Energietankstelle an und die Kraft beginnt in deinen Körper zu fließen. Du leuchtest immer heller – wie ein Licht-Weihnachtsmann im Vorgarten zur Adventszeit! Atme das Licht ein, spüre die Entspannung und verweile in diesem lichtdurchfluteten Zustand so lange du magst.

Es gibt noch mehr Möglichkeiten für solche Blitzübungen. Kennst du zum Beispiel die Rührung, die du spürst, wenn du plötzlich ein Lied von früher hörst? Du sitzt beim Zahnarzt und im Radio läuft ein Grönemeyer-Song, den du zehn Jahre nicht mehr gehört hast. Du bist im Supermarkt und der »Final Countdown« von Europe erinnert dich an früher. Oder Sinead O'Connor trägt dich zurück zu deinem ersten Date, während sie feststellt: »It's been seven hours and fifteen days …« Diese Lieder haben sich in unser Herz geschlichen, weil wir ganz bestimmte Erinnerungen mit ihnen verbinden. Wir hören sie – und erleben wieder die Begeisterung und Lebensfreude, die uns damals schon durchströmt und vollkommen erfüllt haben.

Und das ist die Blitzübung, die sich daraus ergeben kann: Stell dir eine Playlist mit Herzensliedern aus den glücklichsten Phasen deines Lebens zusammen. Höre sie im Auto und singe laut mit … Merkst du, wie die Musik dich daran erinnert, wie viel Kraft und Energie du hattest – und wie glücklich du warst? Lass dich wieder mitreißen!

VERBUNDEN MIT ALLEM

Online entdecken wir etwas: dass wir mit allem kommunizieren können. Verbunden sein, also nicht mehr isoliert, heißt, wir stehen mit
allem in Kontakt. Wir können zu allem sprechen, aber auch aus allem
lesen. Nicht umsonst haben sich Bräuche wie Kaffeesatz- oder Karten-
lesen durch die Generationen erhalten. Doch auch Alltagssituationen
bieten uns Möglichkeiten, in ihnen zu lesen wie in einem Buch – und
darin Wegweiser zu finden. Alles, was es braucht, ist ein waches Auge
für Botschaften.

Nach innen gerichtet bedeutet Verbundenheit: dass wir Kontakt zu
unserer inneren Führung aufnehmen können, dass die Verbindung
hergestellt ist. Im Onlinemodus ist unsere innere Stimme deutlich
wahrnehmbar. Wahrnehmbar und so beschwingt wie wir sind, fällt es
uns immer leichter, auch auf sie zu hören ... Moment, da blinkt was ...
Ist das dein Modem? Oder doch dein Anrufbeantworter?

MR. EDS MAGISCHE MINUTE
Sie haben eine neue Nachricht

Dein Anrufbeantworter blinkt – Mr. ED hat dir eine Nachricht hinterlassen! Er
gibt dir Auskunft darüber, was dein nächster Schritt ist. Vielleicht auch, welche
Richtung momentan die richtige für dich ist und wie du deinen eigenen Weg
wieder klar sehen kannst – ohne dich von anderen verwirren zu lassen.

Schließ mal für einen Moment die Augen, atme tief durch – und drück dann in
Gedanken den Knopf vom AB, um die Nachricht abzuhören.

Was sagt dir Mr. ED?

NIMM TÄGLICH
EIN INSPIRATIONSBAD

Um zur Antenne für Inspiration und zauberhafte Glücksmomente zu werden, müssen wir mit dem magischen Inspirations-Pentagramm nur noch ein wenig üben. Mit »ein wenig« meint Mr. ED: ab jetzt jeden Tag unseres Lebens.

Wie bitte?

Doch ja, so ist es.

Und was üben wir? Wir rufen uns täglich mal kurz die fünf Grundpfeiler des Pentagramms in Erinnerung, gehen sie durch und stimmen unsere Gefühlslage darauf ein. So merken wir ziemlich schnell, wo gerade etwas im Argen liegt und wo wir genauer hinschauen dürfen. Und dann kommt natürlich gleich wieder Mr. ED ins Spiel: Wir sprechen mit ihm. Wir können ihn um Hilfe bitten, um seine Meinung oder um seine Sicht der Dinge.

MR. EDS WEISE WORTE

Der Sinn von Rückzug

Der Magier zieht sich täglich für eine Zeit von der Außenwelt zurück (wie lang er braucht, bestimmt er selbst), um sich auf seine Ziele und seine Kraft zu besinnen. In diesem Rückzugsmoment »füllt« er sich auf – etwa so, wie wir den Tank eines Autos füllen, damit es weiterfahren kann. Als Zauberlehrling, sagt Mr. ED, sollten wir ebenfalls Rückzug üben. Das ist eine einfache Umschreibung für das Wort Meditation, das für viele oft zu kompliziert klingt.

Für uns Zauberlehrlinge ist es unverzichtbar, dass wir uns eine Zeit am Tag einrichten, die nur uns gehört: vielleicht ein paar Minuten früh-morgens, nachmittags oder auch abends vor dem Einschlafen, um mit dem Pentagramm zu arbeiten. In dieser Zeit füllen wir unseren Tank oder wir stellen unser Modem ein – damit es startklar wird, blinken und online gehen kann. Man könnte auch sagen: Wir nehmen ein Inspirationsbad. ☺

AUS MR. EDS ZAUBERKOFFER
Dein tägliches Inspirationsbad

Im täglichen Inspirationsbad gehst du die fünf Pfeiler des Pentagramms für dich durch. Setz dich dazu hin und schließ deine Augen. Spüre die Energie durch deine Fußsohlen in deinen Körper fließen und entspanne dich.

Dann kommst du zum ersten Pfeiler: echt sein. Frage dich, wie es dir wirklich geht, und höre dir zu. Der zweite Pfeiler: versöhnt sein. Akzeptiere deine Gefühle und deine Lebensumstände. Hör auf, gegen sie zu kämpfen. Der dritte Pfeiler: einfach sein. Wo kannst du die Dinge heute für dich ent-komplizieren? Pfeiler vier steht für das Vertrauen: Erinnere dich daran, dass Mr. ED direkt neben dir steht, um dir zu helfen! Daher komm, wie Pfeiler fünf es beschreibt, in das Gefühl der Leichtigkeit und Verbundenheit, indem du deine Sorgen einfach mal loslässt – und dich tragen lässt. Genieße das schöne Gefühl.

Du kannst es dir zur Gewohnheit machen, zum Abschluss deines täglichen Inspirationsbades noch eine Frage an Mr. ED zu stellen. Was möchtest du wissen? Warte ab, was er dir antwortet: Vielleicht hörst du als Antwort seine Stimme, hast einen bestimmten Handlungsimpuls oder die Antwort begegnet dir als Hinweis im Laufe des Tages.

PFLANZE ETWAS GUTES

Du kannst jederzeit beginnen, mit dem Inspirations-Pentagramm zu arbeiten. Echt sein, einfach sein, versöhnt sein, all das kommt dir im Lauf der Zeit immer selbstverständlicher vor. Und du lernst, Mr. ED immer klarer wahrzunehmen. Vielleicht erhältst du Impulse zu deiner Tagesplanung oder zu Entscheidungen: Wie durch Zauberei siehst du mehr Möglichkeiten.

Da wir Gewohnheitsmenschen sind, hängt die Qualität unseres Lebens auch von unseren Gewohnheiten ab: davon, wie wir jeden einzelnen Tag verbringen (Every Day – kurz Mr. ED – du erinnerst dich?). Manchmal denken wir: Ich kann doch sowieso nichts ändern – welchen Unterschied macht es, wenn ich es heute anders mache? Einen großen! Nicht der Tag selbst, sondern die Entwicklung, die du damit begonnen hast, ist entscheidend. Du pflanzt ein Samenkorn, das nun in deinem Leben zu wachsen beginnt. Also pflanze etwas Gutes …

Gewöhne dir das tägliche Inspirationsbad an – und jede Woche eines deiner kleinen Laster dafür ab, so kommt es auch wieder mit der Zeit hin. ☺ Du surfst täglich vier Stunden in Internet und leerst dabei eine Chipstüte als Abendbrot? Wunderbar, dann reserviere dir eine Viertelstunde für Mr. ED und das Pentagramm, eine halbe Stunde für den Abendspaziergang zum Gemüsehändler und eine weitere Viertelstunde, um zu den Chips ein paar Gurken und Karotten aufzuschneiden. Es bleiben immer noch drei Stunden zum Surfen. ☺

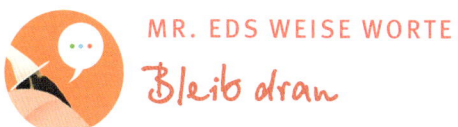

MR. EDS WEISE WORTE

Bleib dran

Eigne dir mit dem Inspirationsbad ein Rüstzeug an, das dir nicht nur ein paar Wochen bleibt, sondern für immer – wenn du magst.

BADEN HILFT

Durch das tägliche Inspirationsbad wird dein Energielevel merklich steigen. Viele der Schmerzen und Probleme, die zu einem niedrigeren Level gehört haben, können sich damit auflösen: Die Zuversicht durch die neue Selbstklarheit trägt dich automatisch in eine höhere Energie. Gehst du außerdem noch einmal pro Tag spazieren und machst es dir zum Hobby, vierblättrige Kleeblätter zu finden, dann sieht dein Leben wahrscheinlich schon bald viel magischer aus – versprochen. ☺ Sieh das Inspirationsbad nicht als Pflicht, die du dir auferlegst, sondern tatsächlich als Baden in Freude – und freu dich wirklich täglich darauf! Manchmal nimmst du dir zehn Minuten oder mehr, manchmal hast du nur eine Minute, das spielt keine Rolle. Wichtig ist nur, dass du diese Innenschau aufrechterhältst. Integriere sie in deine Alltagsroutine!

AUS MR. EDS ZAUBERKOFFER

Blitztechnik Inspirationsdusche

Wenn du dir morgens die Zeit für ein Inspirationsbad genommen hast, kannst du tagsüber beliebig oft den Effekt durch eine kurze Blitztechnik auffrischen: die Inspirationsdusche! Sie geht schnell und passt überall – sei es beim Warten in der Kassenschlange, kurz vor dem Vorstellungsgespräch oder im Büro:

Du atmest einfach tief durch, schließt kurz die Augen und gehst die fünf Sternzacken durch: Bin ich gerade echt? Kann ich es mir einfacher machen? Bin ich versöhnt? Vertraue ich? Bin ich online?

So hast du zwischendurch immer mal einen Check, ob noch alles nach Plan läuft. Außerdem hat die Inspirationsdusche einen guten Entspannungseffekt.

JA, ABER…

Vielleicht hattest du beim Lesen dieses Kapitels einige davon. Gemeint sind »Ja-abers«. ☺ »Ja, aber ich kann doch nicht echt sein, weil … !« »Ja, aber es gelingt mir nicht, versöhnt zu sein, weil … !« »Ja, aber wie kann ich denn vertrauen, wenn … ?«

Daran zeigt sich, dass dein System schon mit den Pfeilern des magischen Pentagramms arbeitet. Es versucht, sie zu integrieren, und gerät dabei an Stolpersteine, die noch stören. Ja-abers sind wertvolle Aha-Momente. Wenn wir sie erkennen, sehen wir neue Handlungsmöglichkeiten, weil uns klar wird, welche Grenzen wir uns selbst gesetzt haben.

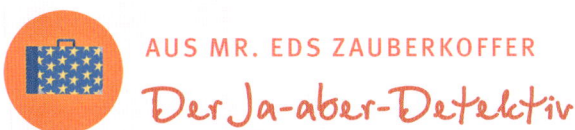

AUS MR. EDS ZAUBERKOFFER
Der Ja-aber-Detektiv

Hierzu brauchst du ein kleines Heftchen (oder du heftest mehrere Blätter zusammen). Trage es immer bei dir, um jederzeit und an jedem Ort etwas aufschreiben zu können – ob du nun gerade beim Einkaufen bist, bei der Arbeit oder unter der Dusche. Es ist wichtig, die Gedanken sofort festzuhalten – sonst sind sie wieder weg …

Jedes Mal, wenn du nun hinsichtlich der fünf Pfeiler denkst: »Ja aber …«, dann schreibe den Grund gleich auf. So findest du die Überzeugungen, die deine Inspirationsflatrate noch stören. Nimm deine Ja-abers mit in dein tägliches Inspirationsbad. Es ist Teil dessen, wie du dich fühlst. Bewege sie ein wenig: Versuche, es einfacher zu sehen statt so kompliziert. Frage dich, ob du es versöhnter betrachten kannst. Nimm dir vor, für einen Tag etwas mehr zu vertrauen: Tu so, als ob es bereits aufgelöst wäre. Und frag Mr. ED, wie er es sieht.

Design your Day

Nach Mr. EDs Theoriestunde zum Inspirations-Pentagramm dürfen wir in diesem Kapitel kreativ werden: Wir machen Alltagsinventur und kleben unser Design-your-Day-Poster! Mr. ED versichert uns, dass es sich auszahlt, wenn wir das Poster auch wirklich selbst herstellen, statt das Kapitel nur zu lesen – weil uns dabei magische Erkenntnisse zufliegen. ☺ Und weil wir uns nach getaner Arbeit an unserem Werk freuen können, es uns weiterhin inspirieren wird. Vielleicht stehen wir auch nach Jahren zusammen mit Mr. ED nickend und lächelnd davor und stoßen mit einem Glas Sekt auf unseren magischen Alltag an…

MAGISCHE
STRATEGIESCHREIBUNG

Mr. ED hat heute ein besonders schönes Gewand angelegt, mit dem er nun würdevoll durch die Tischreihen des magischen Klassenzimmers schreitet. Als er vorn an der Zaubertafel ankommt, notiert er darauf in extragroßen Buchstaben:

STRATEGISCHE PLANUNG ...

Hast du schon mal einen Strategieplan gemacht? Firmen schreiben Strategiepläne zur Umsetzung von Projekten. Eine trockene Materie, möchte man meinen, doch sie kann auch für einen Alltagsmagier von großem Nutzen sein! Werfen wir einen Blick auf die Grundmethode: Zuerst wird der Ist-Zustand analysiert, um Stärken, Schwächen, Chancen und Risiken der jetzigen Situation zu sehen. Interviews mit Mitarbeitern der Firma können hilfreich sein, um verschiedene Meinungen zu hören. Dann wird überlegt, welche Ziele es gibt und mit welchem Vorgehen sie erreicht werden können. Das ist die Strategie, also die Hauptlinie, die in Zukunft verfolgt werden soll.

Für die nächsten Schritte

Zur Vorbereitung ein kleiner Hinweis: Es wäre wunderbar, wenn du dir ein großes Blankoposter (A2 oder sogar A1) besorgst, denn darauf werden wir unsere Ergebnisse anordnen. Du kannst aber trotzdem schon weiterlesen und die ersten Übungen machen, das Poster brauchen wir erst später.

Für die Hauptlinie werden konkrete Handlungsschritte (die Maßnahmen) geplant, die aus eigener Kraft (Mitarbeiter, vorhandenes Budget) umgesetzt werden müssen.

Später darf das Controlling, die Überprüfung, nicht fehlen: War die Strategie zielführend? Falls noch nicht ganz, kann sie angepasst oder nachgebessert werden.

... UND MAGISCHE PLANUNG

Das Schöne an der Strategiemethode ist, dass sie sich auch auf andere Lebensbereiche übertragen lässt! So wird sie auch für Alltagsmagier zu einem wertvollen Tool, selbst wenn wir nicht ganz so linear und trocken arbeiten, sondern, sagen wir: lebendiger. ☺ Mr. ED öffnet wieder einmal seinen Zauberkoffer und zeigt uns sein – aus der Strategieplanung hergeleitetes – Rezept für magische Alltagsgestaltung:

AUS MR. EDS ZAUBERKOFFER
Magische Alltagsgestaltung

Du machst Inventur und überlegst, was gerade alles zu deinem Alltag gehört und wie stimmig das für dich ist. Du entwirfst ein Bild, wie du dich in deinem idealen Alltag fühlen möchtest. Du entscheidest dich für Maßnahmen, die dich in diesen Alltag führen, doch du planst magische Unterstützung mit ein! Denn ein Magier weiß: Nicht alles lastet allein auf seinen Schultern.

Da ein Magier sich gern reflektiert, macht ihm das Controlling sogar Spaß. Am Ende des Kapitels findest du Mr. EDs magische Checkliste für einen gelungenen Alltag, die du abends durchgehen kannst.

Der Magier plant bei seinem Vorhaben
IMMER
Unterstützung »von oben« mit ein!

Strategie und Magie widersprechen sich also nicht, sondern sie ergänzen sich. Selbst Magie setzt ein wenig geschickte Planung voraus. Es gibt schließlich keine Ich-weiß-nicht-was-ich-tun-soll-Magier! Schwingt ein Magier seinen Zauberstab, dann weiß er auch, warum. Und er weiß, welches Resultat er sehen möchte. Die Frage aber, wie das im Einzelnen gehen soll, legt er vertrauensvoll in die Hände der größeren Mächte. (Erwähnte Mr. ED das bereits?)

Auch der Startpunkt der Strategie, die Ist-Situation, passt hervorragend zum Ansatz von Mr. ED. Erinnerst du dich an das magische Pentagramm? Der Weg führt immer zuerst über das Wahrnehmen und Akzeptieren dessen, was gerade ist. Von dort aus entwirft der Alltagsmagier seinen Plan, wie er am glücklichsten, am entspanntesten und am erfolgreichsten durch den Alltag kommt. Dieser Plan muss keine trockene Liste sein: Er kann auch aus bunten Zetteln, Zeichnungen oder einer farbenfrohen Mindmap bestehen, kurz: Wir kleben ein Design-your-Day-Poster, auf dem wir unseren Wunschalltag wachküssen. Mr. ED gibt uns dazu eine Schritt-für-Schritt-Anleitung.

WEGEN INVENTUR GESCHLOSSEN

Inventur ist ein wenig wie Großreinemachen: Wir entstauben, zählen, ordnen und sortieren aus. Mr. ED mag dabei am liebsten, dass wir uns auch eine Liste anlegen, was fehlt und in Zukunft dazukommen darf. Ja genau, wir sind hier bei Wünsch-dir-was! Das Leben ist eben doch ein Ponyhof. Oder sagen wir: Es kann einer sein, wenn wir es lassen. Hier im Kapitel »Design your Day« gehen wir davon aus, dass wir durchaus die Macht haben, unseren Tag selbst zu gestalten – oder ihn zumindest nennenswert zu beeinflussen. Und wenn wir uns wieder klarmachen, wie kostbar jedes unserer täglichen Zeitpakete ist, erkennen wir auch, wie wichtig das ist. Daher empfiehlt Mr. ED: Hol aus jedem Tag das Beste raus! Mach ihn dir so schön wie möglich! Und ein wenig magische Planung kann natürlich niemals schaden …

ZETTELWIRTSCHAFT

Also beginnen wir, unser Design-your-Day-Poster zu kleben! Im Folgenden sind wir ziemlich viel mit (Notiz-)Zetteln beschäftigt – wer also viele davon hat oder schon mal welche zuschneiden will, ist gut gerüstet! Und noch ein Tipp: Ladengeschäfte schließen gern mal, wenn sie Bestandsaufnahme machen und alles durchzählen. »Wegen Inventur geschlossen« steht dann auf dem Türschild. Ist ja auch unpassend, wenn die Kunden während der Inventur im Weg herumstehen. Daher überlege, ob du dir für deine Alltagsinventur nicht auch ein wenig Zeit ohne Ablenkung gönnst, nur für dich.

MR. EDS WEISE WORTE
Warum ein Poster?

Durch kreatives Schreiben, Aufmalen oder Aufkleben verbildlichen wir unsere Umstände. Dies hat eine heilende und klärende Wirkung! Das nicht Fassbare wird durch Visualisierung konkret und so können wir daran anknüpfen und Verbindungen entdecken. Wir haben magische »Aha-Effekte«, die uns zu neuen Ideen und Lösungen führen.

Was gehört zu meinem Alltag?

Lege dir einen Stapel kleiner Zettel oder Kärtchen bereit. Notiere pro Zettel einen Lebensbereich oder Aspekt aus deinem Alltag: Es kann eine Tätigkeit, eine Pflicht oder ein Hobby sein (etwa Gartenarbeit, Büroarbeit) oder auch eine Rolle, die du ausfüllst (Mutter, Sohn, Ehefrau, Ehemann …). Es kann eine Qualität sein (Hektik, Freude, Ideenreichtum …), ein Gefühl, ein Haustier oder ein Mensch. Schreibe alles auf die Zettel, was gegenwärtig Raum in deinem Alltag einnimmt und was dir einfällt. Zugegeben: Das wird wohl ein wenig mehr Zeit brauchen als nur eine magische Minute. ☺

FINDE ÜBERSCHRIFTEN

Du hast vermutlich eine ganze Menge Zettel beschriftet, richtig? Tadaa – vor dir liegt dein Alltag, dein ganzes jetziges Leben! Der Vorteil der einzelnen Zettel ist, dass wir sie gleich unter verschiedene Aspekte ordnen und bei Bedarf hin- und herschieben können.

Als Nächstes schreiben wir vier Überschriften auf vier längliche Zettel:

→ Was darf sich verabschieden?

→ Was ist zu viel?

→ Was fühlt sich stimmig an, so wie es ist?

→ Was darf mehr werden?

Wir legen die Überschriften nebeneinander (am besten auf einen großen Tisch oder auf den Boden) und sortieren nun unsere Alltags-aspekte unter die vier Punkte (eine Skizze dazu siehst du auf Seite 70). Dafür dürfen wir uns gern etwas Zeit nehmen – und uns vielleicht einen schönen Tee oder Kaffee kochen und eine Kerze anzünden.

Führe Mini-Interviews

Als magische Strategen erinnern wir uns, dass zur Analyse der Ist-Situation gern Interviews mit den Beteiligten geführt werden. Die Beteiligten? Genau! Du! ☺

Jeder von uns hat in sich viele verschiedene Stimmen, die Wertvolles beizutragen haben, zum Beispiel wenn es um wichtige Entscheidungen geht. Ich, Mr. ED, ermutige dich, deine inneren Stimmen auch wirklich anzuhören! Und vergiss nicht: Ich bin eine davon.

Überlege, welche Stimmen in dir zu Wort kommen möchten:

- Was sagt dein inneres Kind zu deinen Aspekten und ihrer Einordnung?
- Was sagt die Mutter, Tochter, der Sohn oder Ehemann in dir?
- Was sagt der berufstätige Anteil in dir, was sagt der kreative?
- Was gibt der Zweifler zu bedenken? Was setzt der Optimist entgegen?

Befrage alle Anteile, die teilnehmen möchten, und verschiebe entsprechend der Antworten gegebenenfalls die Anordnung der Aspekte unter deinen Überschriften. Vielleicht kommen auch neue Aspekte zum Vorschein – dann notiere sie auch wieder auf Zettel und ordne sie unter den Überschriften ein. Ach ja – und vergiss nicht, auch mich zu fragen, Mr. ED! ☺

Das war schon ein Stück Arbeit, doch spürst du die Klarheit, die dadurch entstehen durfte? Gönne es dir, deine Alltagsmap nun erst mal in Ruhe zu betrachten, denn im Grunde siehst du in einen Spiegel – auf das Bild deines täglichen Lebens! Ach, und bitte nicht wegräumen – denn wir sind noch nicht fertig. ☺

BADE IN
MÖGLICHKEITEN

Alltagsmagier und Zauberlehrlinge lieben Bällebäder. Du erinnerst dich? Diese Räume voller bunter Plastikbälle, in die wir als Kinder so gern gehüpft sind.

Mr. ED sagt: Sieh deinen Alltag als Bällebad der Möglichkeiten! Warum auch nicht? Es kann nie schaden, hier und da ein paar Farbtupfer einzubringen. ☺ Welche Farben hatten die Kugeln des Bällebads damals? Rot, grün, gelb, blau, vielleicht auch orange?

... UND EINE FÜNFTE ÜBERSCHRIFT

Dann stellen wir uns jetzt vor, unser Bällebad hat zwar schon viele bunte Bälle – doch die ganz besonderen fehlen noch: die goldenen. ☺ Wofür sie stehen? Füge noch eine fünfte Überschrift auf einem länglichen Zettel zu deiner Anordnung hinzu, sie lautet:

Was darf neu dazukommen?

Was sind deine Wünsche? Welche Bälle willst du neu ins Spielfeld bringen? Welche Dinge gehören für dich zu einem schönen Alltag? Wie möchtest du von nun an täglich deine Zeit füllen? Und welche Highlights, welche goldenen Bälle (und wie viele?) möchtest du mit ins Bällebad geben?

Mr. ED findet, dass wir bei unserer Alltagsgestaltung mal den Horizont dessen, was wir für möglich halten, erweitern dürfen! Hier ein paar inspirierende Fragen:

→ Was könnte deinem Alltag mehr Sinn geben?
→ Was sind deine Kraftquellen?
→ Wofür lebst du? Was ist deine tiefste Sehnsucht?
→ Welche Qualitäten darf dein Alltag haben?

- → Möchtest du neue Wege beschreiten?
- → Was macht dir Spaß?
- → Welche Möglichkeiten hast du noch gar nicht genutzt?
- → Wie hast du dir als Kind dein weiteres Leben vorgestellt?
- → Welche Dokus oder Filme siehst du dir gern an und warum?
- → Was würdest du tun, wenn dies die letzte Woche deines Lebens wäre?
  Auch deine inneren Interviewpartner stehen wieder bereit und sind dankbare Antwortgeber. Erstaunlicherweise wissen sie recht genau, was sie sich wünschen. Probiere es aus: Stelle die Frage laut oder in Gedanken. Meist kommen spontane Antworten – und das sind die besten. Du brauchst also nicht stundenlang über den Fragen zu meditieren. Notiere die Ideen auch wieder auf einzelne Zettel – und ordne sie unter die fünfte Überschrift ein.

MR. EDS MAGISCHE MINUTE

Klebe die Zettel aufs Poster

Und schon sind wir beim nächsten Etappenziel: Wir gehen daran, unsere Zettel samt Überschriften auf das große Poster zu kleben. Klebestift oder Kleberoller eignen sich gut, aber Mr. ED hat noch einen Tipp: Wenn du ablösbare Klebepads verwendest (zum Beispiel Uhu patafix), kannst du die Zettel auch später noch mal ändern, das ist sehr praktisch.

Wichtig ist, dass du auf dem Poster über den Zetteln noch Platz für eine Überschrift lässt. Die beschriebenen Zettel sollten dann etwa die Hälfte des Posters einnehmen, sodass die untere Posterhälfte noch frei bleibt. Mr. ED hat hier wieder eine Skizze für dich als Orientierung vorbereitet (siehe Seite 70).

GIB DEINEM POSTER EINEN NAMEN

Wir notieren nun ganz oben, über den aufgeklebten Zetteln, die Überschrift des Posters. Es ist das Motto, unter dem dein Poster als Ganzes steht, das Thema, das dich bewegt, oder auch das Ziel, auf das du zusteuerst: Worauf möchte dein Poster dich aufmerksam machen? Was will es dir sagen? Gib der kompletten Anordnung, die du geschaffen hast, einen Namen!

Die Überschrift verleiht deinem Alltags-(Wunsch-)Bild Charakter: Sie drückt aus, dass du etwas Besonderes bist, ganz gleich, wo du gerade stehst oder womit du kämpfst: Als Alltagsmagier wissen wir, dass Worte Macht haben! Aus der Überschrift »Hier klappt gar nix« könnte umgekehrt »Neustart« oder sogar »Auferstehung« werden; aus der Überschrift »Richtungslosigkeit« macht Mr. ED melodischer ein »Quo vadis?« oder »Meine Erfolgsstory«. Du verstehst? Immer positiv formulieren. Finde eine Überschrift, die dir und deinem Poster das Gefühl gibt, bedeutsam zu sein.

MR. EDS WEISE WORTE

Namen sind machtvoll

Stell dir vor, du müsstest einen Namen für dein Kind wählen. Du würdest den schönsten aussuchen, richtig? Einen, der es bestmöglich beschreibt und unterstützt. Dein Design-your-Day-Poster ist dein Baby!
Gib ihm eine motivierende Überschrift, selbst wenn dein Thema gerade herausfordernd ist. Deine Posterüberschrift hat die Kraft, das Potenzial aus deiner jetzigen Situation hervorzuheben oder auch anzudeuten, in welche Richtung es künftig gehen soll. Sie kann bewirken, dass du dich als etwas Besonderes fühlst. Mach dir klar: Dies ist dein Leben, eine Momentaufnahme deiner Bemühungen, du selbst zu werden.

DEIN AVATAR: DIE ESSENZ DEINER STRATEGIE

Im Grunde können – und müssen – wir uns jeden Tag ein wenig neu entwerfen. Gerade so, wie eine Businessstrategie immer mal wieder angepasst und fortgeschrieben werden muss. Die Kunst dabei ist: Wir brauchen ein konkretes Bild von uns in unserem Alltag. Denn es geht hier nicht nur um den idealen Alltag als äußeren Umstand, sondern auch um uns selbst, weil wir uns ja in ihm befinden. Und wie soll unser Alltag magisch werden, wenn wir selbst uns darin fühlen wie der wunde Punkt? Also entwerfen wir mit Mr. ED kurzerhand einen Avatar – ein ideales Ich-Bild, das in diesem Moment schon beginnt, in uns zu leben … Vielleicht kennst du es aus Computerspielen: Du stellst für deinen Avatar alle Wunscheigenschaften zusammen, probierst aus, entscheidest dich vielleicht um … bis die Figur dir so richtig gut gefällt.

MR. EDS MAGISCHE MINUTE
Entwirf deinen Avatar

Frage dich: Wie sehe ich in meinem idealen, magischen Tag aus? Mach dir gedanklich ein Bild:

- Trägst du vielleicht deine Lieblingsstrickjacke oder Lieblingsjeans?
- Wiegst du zehn Kilo weniger oder mehr?
- Welche Frisur hast du?
- Welche Körperhaltung?
- Wie fühlst du dich – und warum?

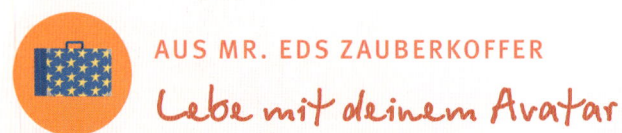

AUS MR. EDS ZAUBERKOFFER

Lebe mit deinem Avatar

Herzlichen Glückwunsch: Mit deinem Avatar hast du dir eine mächtige Kraftfigur geschaffen, die schon dort ist, wo du hinwillst – und die jederzeit mit dir Kontakt aufnehmen kann.

Sieh deinen Avatar zwischendrin im Alltag so oft vor dir, wie du kannst, fühle sein Lebensgefühl, sprich mit ihm wie mit mir, Mr. ED.

Lass dich von deinem Avatar begleiten und passe ihn einfach an, wann immer sich dein Ich-Ideal oder deine Wunschrichtung ändert.

DEIN AVATAR IST SCHON AM ZIEL

Bleibe gedanklich noch ein wenig bei deinem Ich-Ideal: Wo ist er oder sie? Zu Hause, unterwegs oder bei der Arbeit? Allein oder von anderen Personen umgeben? Welches positive Gefühl herrscht vor: Stolz über etwas Erreichtes? Freude und Leichtigkeit? Frieden und Geborgenheit in der Familie? Bedenke: Dein Avatar ist schon da, wo du sein willst. Sieh dich, wie du aussehen willst, wie du dich fühlen willst und mit dem Erfolg oder den Umständen, die du erreichen willst!
Wähle für den Anfang nicht unbedingt ein Bild, das du erst in Jahren erreichen kannst, lieber ein motivierendes Etappenziel.

TRAG DEINEN ZAUBERHUT

Gleich platzieren wir auch unseren Avatar auf das Poster – wir brauchen nur noch einen Augenblick, um ihn zu vervollständigen. Uns als Alltagsmagiern fehlt noch: der Zauberhut!

Stell dir mal vor, ein Magier würde ohne seinen Zauberhut erscheinen. Sofort würden wir denken: Da fehlt doch was! Gandalf ohne Zauberhut? Mr. ED ohne Zauberhut? Nicht vorstellbar. Doch was ist es, das uns daran fasziniert? Der Zauberhut kleidet den Magier. Er verleiht ihm seinen Status, er wird als Magier erkennbar. Zugleich gibt er ihm innere Kraft und erinnert ihn an seine Rolle: Er hat sich für eine magische Haltung dem Leben gegenüber entschieden. Der Zauberhut ist sein Schutz, sein Symbol und sein Kraft-Kleidungsstück. Vielleicht dachtest du dir gerade: Na, einen Zauberhut habe ich nicht und werde ich auch nicht tragen! Na gut, musst du auch nicht.

WAS TRÄGT DEIN AVATAR?

Schau einmal nach, was er für Kleidung trägt: Ist es etwas, das du bereits besitzt oder das du kaufen kannst? Der Trick ist: Was dein Avatar trägt, kannst du bereits jetzt auch schon tragen – und kommst ihm äußerlich damit schon ziemlich nah. Das hilft, dich schon wie er zu fühlen – auch wenn du vielleicht die gewünschten Umstände noch nicht erreicht hast.

Zauberer haben auch Zauberstäbe, also magische Gegenstände, daher könnte es auch ein Gegenstand sein, der zu deinem Kraftsymbol wird. Vielleicht ein magischer Ring oder ein schöner Stein? Etwas, das dich als Anker stets an deine Zielvision erinnert? Beides, ob magische Kleidung oder magischer Gegenstand, versetzt uns sofort in die kraftvolle Stimmung, in der wir magnetisch werden für unsere Zielposition.

Dein Zauberhut – das könnte auch deine Lieblingsstrickjacke sein. Oder deine Zaubersocken?

MR. EDS WEISE WORTE
Sei ab jetzt, wer du sein willst

Aha, zu diesem Ziel willst du also hin. Dann tu doch einfach so, als wärst du schon da! Zwei Dinge helfen dabei: dein Zauberhut und dein Zauberstab. Sie zeigen dir: Es gibt im Grunde gar keinen Unterschied zwischen dem, was du bist, und dem, was du sein willst: Allenfalls liegt zwischen beiden ein wenig Zeit.

Angenommen, dein Avatar trägt deine Lieblingsstrickjacke und hält zum Beispiel das Zertifikat eines bestandenen Kurses in Händen, den du unbedingt machen möchtest. Er lächelt glücklich und sitzt zum Feiern mit Freunden in einem Café. Angenommen, dies ist dein Wunschbild (du baust dir natürlich dein eigenes) – dann schwelge täglich darin, so oft du kannst, damit dir dein Zielgefühl immer vertrauter wird. Damit es zu leben beginnt.

WAS ZÄHLT, IST DEIN GEFÜHL

Du kannst deinen Avatar, der gerade genüsslich in deinem Wunschszenario sitzt, alles fragen: Probiere es – schließ die Augen und nimm innerlich Kontakt auf. Zum Beispiel könntest du fragen: Wie hast du dich optimal auf die Prüfung vorbereitet? Oder: Wie bist du hierhergelangt? Stell die Frage und warte ab, welche Antwort kommt.
Denn das ist im Grunde dein Ziel: nicht die punktgenaue Beschreibung der äußeren Umstände, sondern die Klarheit, zu welchem inneren Gefühl dich die Wunscherfüllung führen soll. Möchtest du dich geborgen fühlen oder sicher? Erfolgreich oder stolz? Begeistert? Möchtest du erfahren, wie es ist, wenn du für deinen Mut belohnt wirst? Wenn etwas geklappt hat? Überlass die genauen Umstände den höheren Mächten und konzentriere dich vor allem auf deine Absicht, die dahintersteht.

Du entwirfst dich, wie du dich bereits in deiner Zielsituation befindest, als Essenz deines Design-your-Day-Posters: Dort soll dein Alltag dich hintragen. Du verknüpfst bereits dein jetziges Ich mit dem, was du erreichen willst: Du ziehst deinen Zauberhut an oder nimmst deinen Zauberstab zur Hand. Ist es ein Kleidungsstück, eine Kette oder ein Ring? Oder vielleicht eine neue Frisur: Riskiere es! Nähere dich deinem Avatar äußerlich an, denn darin liegt die Zauberkraft: Du fühlst dich am Ziel angekommen und nicht mehr auf dem Weg.

Nun übertragen wir deine Wunschessenz, also deinen Avatar in seiner Wunschsituation, auf das Poster. Das Bild ist ja bereits in deinem Kopf – und in deinem Herzen – verankert. Male daher einfach als Platzhalter dafür ein Strichmännchen auf dein Poster – etwa in die Mitte, unter deine Zettel. Beschreibe darunter in ein paar Stichworten das Bild, zum Beispiel: Ich mit meinem Abschlusszertifikat beim Feiern mit Freunden. Das reicht aus, denn wenn du auf dein Strichmännchen schaust, hast du deinen Avatar schnell wieder vor dem inneren Auge. Du kannst natürlich auch ein Foto von dir (oder deinem Zauberhut) oder was auch immer nützlich oder passend sein könnte, dazukleben. Oder du zeichnest, was du innerlich siehst. Neben deinem Avatar sollte auf beiden Seiten noch etwas Platz bleiben, damit du noch etwas notieren kannst (siehe Skizze auf der nächsten Seite).

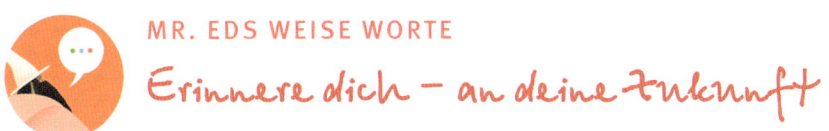

MR. EDS WEISE WORTE

Erinnere dich – an deine Zukunft

Du bereitest dich zwar noch vor, aber nicht im Hinblick auf dein Ziel, sondern im Rückblick, nämlich ausgehend von deinem Erfolg! Das vom Ziel (und nicht vom Startpunkt) ausgehende Denken ist ein mächtiges Geheimnis der Alltagsmagie.

In vier Schritten zu deinem Design-your-Day-Poster

1. Alltagsinventur

Sammle alles, was zu deinem Alltag gehört, auf Zetteln und sortiere sie unter vier Bereiche ein (ab Seite 57):

- Was darf sich verabschieden?
- Was ist zu viel?
- Was fühlt sich stimmig an, so wie es ist?
- Was darf mehr werden?

2. Was darf neu dazukommen?

Füge unter einer fünften Spalte goldene Bälle in deine Anordnung mit ein (ab Seite 62) und klebe alles auf ein Poster.

3. Gib deinem Poster einen Namen

Hierfür nimm dir ein wenig Zeit: Gib deinem Design-your-Day-Poster einen richtig tollen, motivierenden, passenden Namen. Am besten einen, bei dem es dir vor Freude ganz kribbelig wird. Der Name soll in dir automatisch ein wunderbares, positives Gefühl ins Leben rufen – dann ist er goldrichtig (ab Seite 64).

4. Dein Avatar

Jetzt platzierst du dein ideales Ich-Bild als leuchtenden Mittelpunkt auf dein Poster (alles zum Avatar ab Seite 65):

Nun fehlt nur noch eine Kleinigkeit: die Maßnahmen.
Mehr dazu auf den folgenden Seiten.

Mein Poster

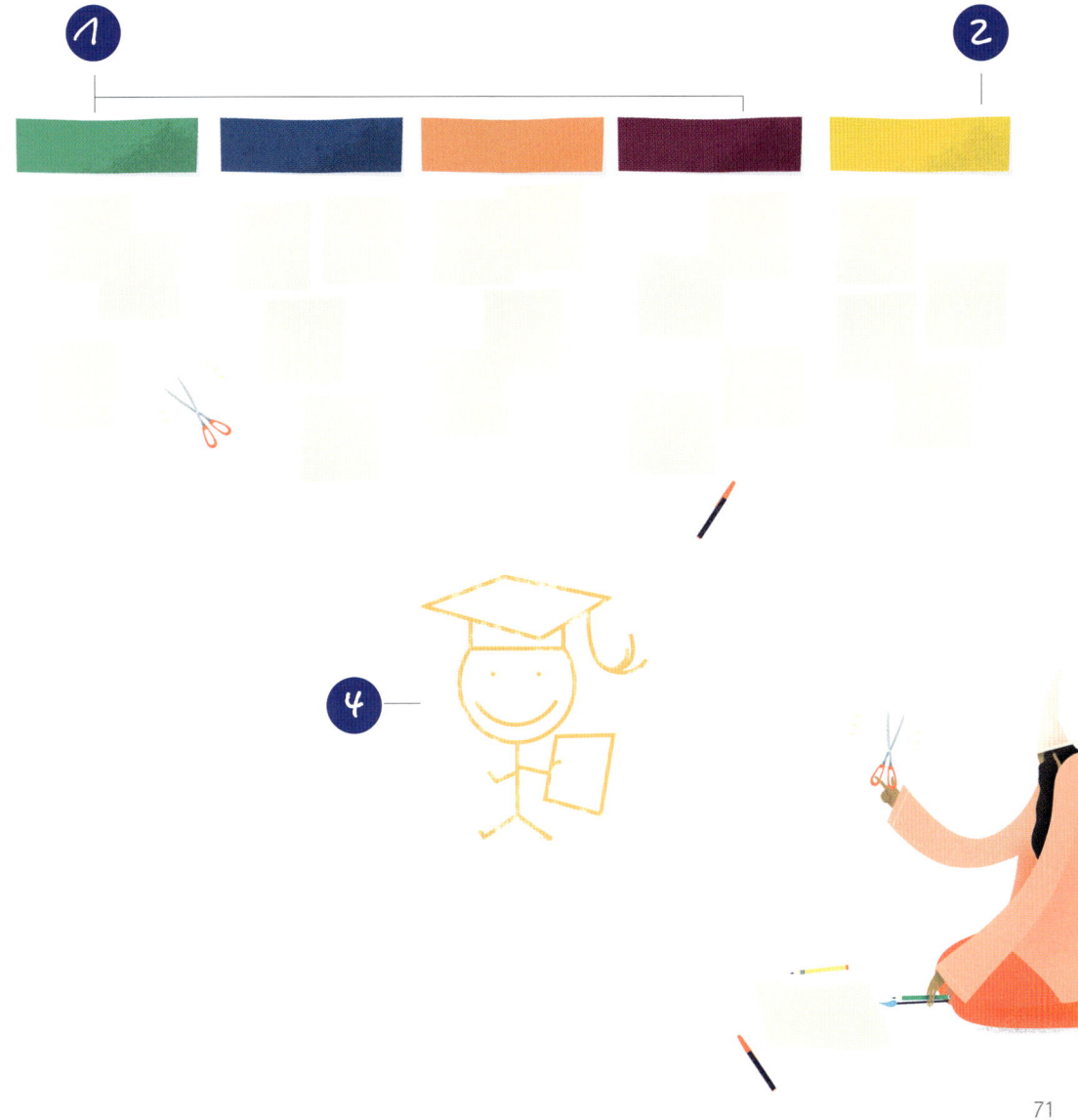

MACHEN WIR UNS
AUF DEN WEG

Wir haben unseren Alltag unter die Lupe genommen und entschieden, was mehr und was weniger werden darf. Zur magischen Verfeinerung haben wir sodann goldene Bälle in unser Bällebad gemischt. Im nächsten Schritt haben wir eine Überschrift für unser Poster gefunden und unsere Essenz, einen Avatar als Motor und Kraftgeber, der schon dort ist, wo wir hinwollen. Unser Poster ist damit schon reichlich bestückt – es bleibt nur noch die Frage:

WIE KOMMEN WIR VON A NACH B?

Um unser Poster abzurunden, notieren wir jetzt noch rechts und links unseres Avatars Ideen (= unsere Maßnahmen), wie wir zu unserem Zielszenario kommen. Frage dich:

→ Wie könntest du dem, was wachsen oder hinzukommen darf, Platz einräumen?

→ Wie könntest du dem, was zu viel ist, Raum entziehen?
Fang mit kleinen Schritten an. Morgen den Job zu kündigen und vier Wochen zu fasten, wäre vielleicht eine zu drastische Maßnahme – außer du plantst die Kündigung schon seit Monaten und isst bereits seit Wochen nur noch die Hälfte. ☺ Wenn du aber jeden Tag ein Stück weniger Schokolade isst, dafür zehn Minuten an die frische Luft gehst, eine Kleinigkeit für deine Zielerreichung tust und immer öfter an dein tägliches Inspirationsbad denkst, sind das schon tolle Schritte!
Schreibe also auf beide Seiten neben deinen Avatar einfach ein paar Maßnahmen auf, die dir sinnvoll vorkommen, um deinen Alltag zunehmend mit goldenen Bällen zu füllen. Du kannst auch Platz lassen, falls dir später noch was einfällt.

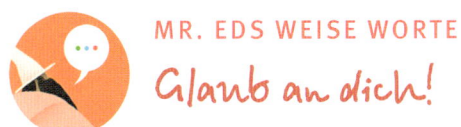

Es fällt dir schwer, geeignete Maßnahmen zu finden, die du neben deinen Avatar aufs Poster schreiben kannst? Oder du glaubst nicht wirklich, dass du sie auch umsetzen kannst?
Du kannst es! Im nächsten Kapitel zeige ich dir ein paar Tricks, wie es mit Leichtigkeit funktioniert.

Und nun – tadaa – ist dein Design-your-Day-Poster soweit komplett. Such dir feierlich eine Stelle, um es aufzuhängen oder hinzustellen – vielleicht in dein Arbeitszimmer oder an deine Schlafzimmerwand? Es ist dein ganz persönliches Werk – und es wäre hilfreich, wenn es dir möglichst oft ins Auge fällt: So erinnert es dich immer wieder daran, wo du hinwillst.

MR. EDS ALLTAGS-CHECKLISTE

Du hast Lust auf ein kleines Controlling? Das ist in jedem Fall sinnvoll, doch vor allem macht es Spaß. Du kannst es dir abends zur Gewohnheit machen, dein Poster anzusehen und kurz zu überlegen, wie dein Tag war – oder was du am nächsten Tag anders machen möchtest.
Und Mr. ED hat zum Schluss dieses Kapitels ein kleines Geschenk für dich. Weil du so hart gearbeitet hast. ☺ Er hat eine Liste gezaubert, mit der du jeden Abend deinen Tag checken kannst. Bevor du sie zum ersten Mal ausfüllst, empfiehlt er dir, sie zu kopieren, dann kannst du sie jeden Tag neu nutzen, so oft du magst.
Das tägliche Durchgehen der Liste ist magisch, weil wir feststellen, wie vielseitig und glückspendend unser Tag ganz häufig war – das hatten wir uns gar nicht klargemacht. Hast du heute … gut gearbeitet? Gut

gegessen? Zeit für Ruhe, Freude, frische Luft gehabt? Hast du Glücksmomente oder erfüllende Momente erlebt? Warst du dankbar?

Mit den Fragen hilft uns Mr. ED, unseren Tag Revue passieren zu lassen
und noch mal bewusst nachzuerleben: Die achtsame Betrachtung
unserer verbrachten Zeit und ihrer Inhalte schenkt uns eine magische
Portion Zufriedenheit, dabei ist es so eine einfache Übung! Das
Ankreuzen von Mr. EDs Checkliste ist wie ein kleines Multiple-Choice-
Tagebuch – eine Erinnerung an den heutigen Tag. Du kannst mit der
Liste auch kreativ werden: Kleb die ausgefüllte Liste in dein Tagebuch
und ein Foto vom Highlight des Tages dazu – zum Beispiel als Challenge einen ganzen Monat lang. In der Kreativszene nennt man so was
gern ein »Daily«. Wie also wäre es, wenn du dir ein Heft oder Album
besorgst – für ein April Daily, ein Summer Daily oder das allseits
beliebte December Daily? Noch Jahre später macht es Spaß und inspiriert wieder, wenn wir uns unsere Dailys ansehen.

MR. EDS WEISE WORTE

Magisches Alltagscontrolling

*Nicht alle Punkte müssen zwingend jeden Tag erfüllt sein, darum geht es
nicht! Die Checkliste hilft dir, einen Überblick zu gewinnen, wo gerade
deine Schwerpunkte liegen und wofür du vielleicht wieder mehr Raum
schaffen möchtest. Ideen oder Vorsätze kannst du dann direkt mit in den
nächsten Tag nehmen.*

*Die Liste hilft dir auch zu würdigen, was heute besonders gut lief oder
welches deine Highlights waren. Vielleicht dachtest du, alles ist schlecht
gelaufen – doch bei genauerer Betrachtung fällt dir auf, dass dein Tag dir
durchaus Geschenke gemacht hat. Erkenne sie an, sei dankbar, denn das
macht gute Laune und so ziehst du weitere Geschenke an.*

AUS MR. EDS ZAUBERKOFFER

Checkliste: Mein magischer Tag

Hast du heute ...

... gut gearbeitet (das Gefühl zählt, nicht die Stundenzahl!) ☐

... gut gekocht und gegessen? ☐

... Zeit für Ruhe und/oder Meditation gehabt? ☐

... frische Luft getankt? ☐

... Sport gemacht? ☐

... dir etwas Gutes getan? ☐

... jemandem geholfen oder Hilfe erhalten? ☐

... etwas Sinnvolles oder Aufgeschobenes erledigt? ☐

... genug geschlafen? ☐

... genug gekuschelt? ☐

... ein schönes Gespräch gehabt? ☐

... Freude, Flow oder Dankbarkeit empfunden? ☐

... einen besonderen Glücksmoment erlebt? ☐

... deine Komfortzone verlassen? ☐

... etwas Magisches erlebt? ☐

Weiteres:

Mr. EDs sexy Alltagstricks

Mr. ED lässt sich vom Sänger Funny van Dannen geradewegs in die richtige Stimmung versetzen, um uns ein paar federleichte sexy Tricks mit auf den Weg zu geben. Wie können wir vermeintliche Hürden im Alltag einfach überspringen – sogar überfliegen? So viel sei verraten: Alles wird einfach, indem wir (es) uns leicht machen. Und das ist immer sexier, als versteinert oder perfekt zu sein.

SEI
UNPERFEKT

Mr. ED liebt Musik. Er möchte uns rund um die Uhr zu einem zauberhaften Alltagsfeeling verhelfen. Er wünscht sich, dass wir morgens aufwachen und uns vollen Herzens auf den Tag freuen. Dass wir auf all die magischen Fügungen gespannt sind, die uns überraschen werden. Dass wir Zuversicht üben, weil wir eine Ahnung davon bekommen haben, wie viel Magie in der Luft liegt. Jeder Tag birgt ein besonderes Geschenk – und alles, was wir tun müssen, ist, unsere Arme dafür zu öffnen. So einfach!

Wir können den Tag schon morgens bei unserer ersten Tasse Kaffee feiern. Wir können … Mr. ED? Was soll denn das? Die Musik ist so laut! Wie soll ich denn dabei schreiben …? »Zeig mir ein paar Sextricks …« Das war doch Funny van Dannen in den Neunzigern. Netter Song, aber geht das auch leiser? Mr. ED ist völlig ins Musikhören vertieft … doch Moment – jetzt meldet er sich zu Wort: »Zeig mir ein paar Sextricks, das ist vom Text her noch ausbaufähig, lieber Funny van Dannen! Wie wäre es mit: Zeig mir ein paar sexy Alltagstricks. ☺ Die Melodie können wir aber lassen, der Song ist cool!«

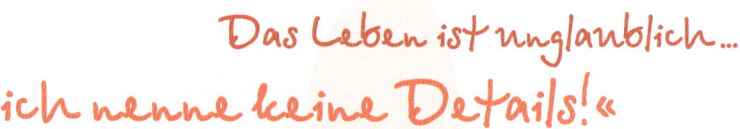

*Das Leben ist unglaublich…
ich nenne keine Details!«*

FUNNY VAN DANNEN, »ZEIG MIR EIN PAAR SEXTRICKS«

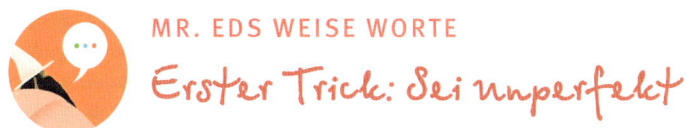

Hast du »perfekt sein« im magischen Inspirations-Pentagramm gefunden? Nein, denn dort gehört es auch nicht hin. Wohl aber ins alltägliche Versteinerungsprogramm. Und dafür liest du das falsche Buch. ☺

Ah ja. Du zeigst uns jetzt also ein paar sexy Alltagstricks, Mr. ED? So ist es, sagt er. Und mit Ohrwurm funktioniert es noch besser. ☺

Es geht darum, dass wir unser Design-your-Day-Poster auch wirklich für umsetzbar halten – und nicht bloß für einen schönen Traum. Dass sich immer wieder Türen öffnen, durch die wir neue Wege entdecken – anstatt nur dazusitzen und abzuwarten. Denn mit Nichtstun hätte auch Funny van Dannen keinen Song geschrieben. Jeder, der etwas geschafft hat, hat vorher an sich geglaubt und ein kleines bisschen Mut eingebracht. Und damit beides gelingt, verrät uns Mr. ED in diesem Kapitel gleich fünf sexy Alltagstricks.

Alltagszauber hat ganz viel mit der inneren Haltung des Zauberers zu tun, so viel wissen wir bereits. Sein tägliches Inspirationsbad hält ihn oben auf dem Seil, auf dem er tanzt. Es erinnert ihn immer wieder, auf seine Kraft zu vertrauen und beherzt seinen Anteil in die Waagschale zu legen – denn dann darf er mit einem großzügigen Zuschuss von den höheren Mächten rechnen (mit denen er als Magier ja naturgemäß zusammenarbeitet).

Doch was, wenn du es immer wieder schwer findest, deinen Alltag zu bewältigen – und dir selbst dein tägliches Inspirationsbad wie harte Arbeit vorkommt? Was, wenn du immer wieder denkst: Ich schaffe es einfach nicht! Ich krieg's nicht hin! Mr. EDs sexy Alltagstrick Nummer 1 lautet: Du darfst unperfekt sein! Du tätest dir damit sogar einen großen Gefallen. Ja, wirklich!

Und Mr. ED will dir auch noch dabei helfen! Oder hast du vielleicht gedacht, dass du hier erfährst, wie du ein für alle Mal alles perfekt machen kannst?

Oft haben wir von unserem Alltag und wie er zu sein hat, exakte Vorstellungen – verbunden mit hohen Anforderungen an uns selbst. Der Nachteil: Wir setzen uns immens unter Druck. Gelingt es nicht, den Vorstellungen gerecht zu werden, sind wir sofort unzufrieden: Ein Drama! Es ist nicht perfekt gelaufen.

NICHT ZU VIEL UND NICHT ZU WENIG

Interessanterweise wissen wir intuitiv, wie unperfekt sein geht und was es bedeutet! Wir müssen uns nur wieder erinnern. Merkst du, wie Mr. ED schon neben dir steht und wartet, um dir zu helfen? Frag ihn doch mal: Mr. ED, was wäre jetzt unperfekt?

Es bedeutet mitnichten, fahrlässig zu sein, aber das weißt du selbst. Unperfekt heißt zum Beispiel, den Abwasch nicht auch noch abzutrocknen – aber stattdessen dreimal tief durchzuatmen. Magischer Nebeneffekt: Dabei entspannst du dich und es kommt dir vielleicht auch noch eine großartige Idee. Unperfekt ist, zu deiner Schwäche zu stehen, obwohl du gern souveräner aufgetreten wärst: Deine Präsentation fürs Büro ist nicht so astrein geraten wie gewünscht, aber du hast es dabei belassen. Magischer Nebeneffekt: Du bist zwei Stunden früher fertig, verzichtest auf die dritte bis sechste Runde Korrekturlesen und häkelst dafür einen Eierwärmer, den deine Tochter grandios findet. Unperfekt zu sein ist ganz schön hart fürs Ego, denn es ist ein Eingeständnis: Die Masken fallen, sodass das Echte zum Vorschein kommt. Das Echte – du erinnerst dich?

Dein echtes Ich möchte auch mal Pralinen essen. Das kleine Kind in dir steht flehend in der Süßigkeitenabteilung und möchte sich eine Kiste bunter Schokojuwelen gönnen.

Siehst du die Vorfreude in seinen Augen? Was möchtest du tun? Ihm erzählen, dass Pralinen dein perfektes Körpergewicht ins Wanken

Wann möchtest du anfangen, dein Leben zu genießen? Morgen? In zehn Jahren? Wenn du in Rente gehst? Denke andersherum: So jung wie heute bist du nur ... genau: heute! Später wirst du dich an diese Zeit zurückerinnern, also fülle sie mit schönen Erinnerungen, anstatt dein Leben auf irgendwann später zu verschieben.

bringen und dass du dir stattdessen für heute Abend noch Arbeit mit nach Hause gebracht hast? Du solltest vielleicht nicht alle Pralinen auf einmal essen und vielleicht auch nicht nur so nebenbei, während du deine Mails checkst, denn dann ist die Packung leer, ohne dass du bewusst dabei warst. ☺ Aber Mr. ED garantiert dir: Jedes bewusste Genießen ist eine magische Tür.

Vielleicht folgst du einfach dem schwedischen Lagom-Trend: nicht zu viel und nicht zu wenig. Dann liegst du genau richtig. Und sei achtsam: Du selbst bestimmst, was für dich Genuss ist. Leider möchte die Versteinerungsfraktion, dass wir genau das verlernen.

MR. ED WILL DICH STARK SEHEN

Und wohin führt dich die magische Tür, wenn du dir bewussten Genuss gönnst? Das kann eine Idee oder Inspiration sein oder die Tatsache, dass dein Körper entspannt und dadurch heilt. Das kann die Erkenntnis sein, wie glücklich und dankbar du bist, wenn du dir mal Zeit für dich nimmst. Das kann ein Zufall sein, der sich ereignet, weil du dir gerade erlaubt hast, mal von deinem straffen Zeitplan abzuweichen – und eine Kaffeepause einzulegen. Bevor du aus Erschöpfung gleich alles hinschmeißen willst, versuch es doch erst mal mit einer Pause. ☺

Perfektion ist Starre, das Gegenteil von Flexibilität. Doch verlieben wir uns in Perfektion? Nein, denn intuitiv wissen wir, sie ist weder menschlich noch gesund. Auf charmante Weise unperfekt ist dagegen, das Leben auch dann zu umarmen, wenn gerade alles schiefgeht! Unperfekt ist, Mr. ED zu umarmen – denn schon stehst du nicht mehr allein da. Unperfekt ist, täglich mit dem Inspirations-Pentagramm zu üben, obwohl du meinst, du machst alles falsch oder hast nicht genug Zeit. Doch entscheidend ist, dass du es überhaupt tust – so einfach ist es.

UNPERFEKTION ALS TÜRÖFFNER

Unser Anspruch, perfekt zu sein, ist ganz oft ein Türenschließer. Wir packen Herausforderungen nicht unvoreingenommen an, sondern stellen sie auf ein so hohes Podest, dass sie unerreichbar werden. Oder zumindest nur noch erreichbar, wenn wir uns über unsere Kraft hinaus verausgaben und strapazieren. Aus Angst, es nicht gut genug zu machen, lassen wir es dann am besten gleich – und nehmen schon die Loserhaltung ein, ohne überhaupt etwas versucht zu haben. »Es klappt ja eh nicht.« Sicher, an dem Satz ist insofern etwas dran, als er lauten könnte: »Es klappt ja eh nicht perfekt.« Doch wenn du die Wörter »nicht« und »perfekt« streichst, was bleibt dann übrig?

Zugegeben – es kann etwas Mut erfordern, unperfekt zu sein. Doch Mr. ED will dich stark sehen! ☺

(SESAM)
ÖFFNE DICH!

Alltagsversteinerung ist ähnlich wie eine Schockstarre: Es ist ein tauber Zustand. Unsere zerbrechlichen, doch so wertvollen Antennen für Magie sind eingezogen und unser Körper kühlt ab, weil wir das ganze System herunterfahren und abschotten.

Sexy Alltagstrick Nummer 2 lautet daher: Öffnen. Öffnen, öffnen, öffnen, öffnen. Öffnen, öffnen, öffnen …

Mr. ED wollte gerade fünf Seiten nur mit dem Wort Öffnen vollschreiben, aber das könnte der Verlag für Papierverschwendung halten. ☺ Doch dann möchte Mr. ED zumindest, dass du an dieser Stelle einmal kurz innehältst. Schließlich musst du das Buch nicht im Eiltempo auslesen, im Gegenteil. Es gibt einen Unterschied zwischen Lesen und Leben. Leben kannst du das Magische nur, wenn du es in dir fühlst.

MR. EDS MAGISCHE MINUTE
Sei offener

Leider haben wir fast vergessen, wie ein Sich-Öffnen sich anfühlt! Überlege einmal, was Öffnen für deinen Alltag, deine Gewohnheiten und deine Denkweisen bedeuten könnte: Wo könntest du dir vornehmen, ein wenig offener, flexibler, aufgeschlossener zu sein? Was könnte das in deinem Alltag womöglich bewirken? Wie würden deine Mitmenschen darauf reagieren?

FRAGEN STATT FAKTEN

Sich zu öffnen, das bezieht sich zum Beispiel auf das Atmen. Atme einmal tief durch – schon öffnest du dich. Und es gibt noch ein Power-Tool fürs Öffnen: Wir öffnen den Raum, unseren Alltag, uns selbst für das Magische, indem wir Fragen schaffen statt Fakten. Der Magier lebt und atmet stets in der Frage! So erlaubt er sich eine freie Sicht auf neue Wege, auf neue Möglichkeiten, auf weitere Horizonte und Hilfe von oben. Verstehst du?

Fakten schränken uns ein: »Das ist schon immer so gewesen und wird sich nicht ändern« ist ein Satz von tiefer Überzeugung, der jede Hoffnung auf Erneuerung totschlägt. Dagegen ist »Wo liegen meine Möglichkeiten jetzt?« eine Frage, die alles öffnet. Sie engt nicht ein, sie urteilt nicht und sie beinhaltet auch nicht den Hinweis »Mir fällt eh nichts ein«. Sie ist einfach nur da.

Negative Annahmen oder zu starke Erwartungen gehören mit zur Versteinerungstradition. Sie machen uns unflexibel und vermasseln uns Chancen, da sie uns wie Magneten in eine ungünstige Richtung ziehen. Bisherige Erfahrungen schleichen sich als künftige Erwartungen in unser Leben ein. Automatisch gehen wir davon aus: »Das läuft eh schlecht. Ich habe es schon hundert Mal versucht. Es war immer so.« Als Alltagsmagier nehmen wir eine andere Haltung ein: Wir versuchen es mit der vertrauensvollen Frage.

MR. EDS WEISE WORTE

Die vertrauensvolle Frage

Nein, du brauchst keine Langzeittherapie, um deine Kindheit aufzuarbeiten und die Automatismen zu entmachten! Stell einfach eine vertrauensvolle Frage – übrigens gern an mich. ☺

Überlege dir deine Frage, die jetzt im Moment passt, und sprich sie laut oder in Gedanken aus. Beobachte, was passiert und wie du dich damit fühlst!

Oft kommen die Antworten schnell, manchmal auch später. Vielleicht auch nicht immer in Worten, sondern als Gefühl oder als Aufschrift auf einem Lkw, du erinnerst dich? Es sind Botschaften! Kleine magische Wegweiser, die dir zuflüstern, wo's langgeht.

Wir leben und atmen in dieser Frage – und schaffen so einen Raum für zauberhafte Antworten und Fügungen. Wir laden das Leben ein, mit uns zusammenzuarbeiten. Und vor allem laden wir immer wieder Mr. ED ein, für uns aktiv zu werden.

Eine vertrauensvolle Frage bringt dir Zuversicht, denn du verwandelst Probleme in Chancen! Es reicht schon, deine Frage laut oder in Gedanken auszusprechen, sie einfach »in den Raum zu stellen«. Vertrauensvolle Fragen könnten sein:

→ Was sind jetzt meine besten Möglichkeiten?
→ Was erlaube ich mir?
→ Was ist von hier aus der nächste Schritt?
→ Was will mein Herz?
→ Was, wenn es gar nicht so schwer ist?
→ Wie bringe ich mich jetzt am besten ein?
→ Wie gebe ich mein Bestes?
→ Welche Botschaft halten diese Umstände für mich bereit?
  Du kannst übrigens auch immer Mr. ED um die passende Frage bitten.

MAGISCHE KRAFTSÄTZE

Eine weitere Form, um unsere inneren Schranken zu lösen und uns neue Wege zu bahnen, sind Affirmationen. Wir formulieren lichtvolle Kraftsätze in Bezug auf das, was wir uns als Umstände wünschen, und verwenden diese Sätze, um uns zu stärken. Affirmationen nutzen die Magie der Worte, denn Worte und Sätze können uns helfen, an den Erfolg zu glauben. Und – das ist das Erfolgsgeheimnis – was wir glauben, geschieht. »In meinen Briefkasten flattern nur gute Nachrichten!« Das könnte zum Beispiel eine Affirmation sein oder: »Ich bin getragen.« Spürst du, wie du förmlich durch den Tag schwebst, wenn du dir diesen Satz immer wieder sagst? Oder nehmen wir mal an, du möchtest ein Auto kaufen, dann sage nicht: »Ich wünsche mir (irgendwann mal …) ein Auto«, sondern: »Ich plane, ein Auto zu kaufen.« Na? Versetzt das nicht gleich eine Kraftspritze?

MR. EDS MAGISCHE MINUTE
Bau dir deinen Kraftsatz

Welcher Kraftsatz zieht dich gerade förmlich nach oben? Versuche, einen solchen Satz zu formulieren, und sprich ihn heute so oft (laut oder in Gedanken) aus, wie du kannst. Was bewirkt die Affirmation bei dir?

Formuliere deine Affirmation positiv und halte sie möglichst kurz, so ist sie eingängiger. Fühle die Freude, wenn du deinen Satz aussprichst. So gelingt es dir, immer mehr daran zu glauben, dass das Gewünschte eintritt. Durch die Affirmation kannst du antesten, wie es sich anfühlen würde – und du ahnst, dass das Gewünschte vielleicht gar nicht so weit weg ist wie angenommen.

Nur weil alle sagen, es gäbe keinen (anderen) Weg, gilt das nicht für uns Alltagsmagier. Gewöhne dir an, offen zu bleiben, zu recherchieren, zu fragen und den Zeichen zu folgen, bis sich deine ganz persönliche Lösung zeigt – vorher gibst du nicht auf!

Bleib auch offen für Möglichkeiten, die dir erst mal unkonventionell vorkommen – oder auf die du gar nicht gekommen wärst. Erinnere dich an einen Wunsch, der sich für dich erfüllt hat – und nun daran, wie er sich erfüllt hat! Wärest du auf diese Art der Wunscherfüllung selbst gekommen?

Oft glauben wir, dass wir so leben müssten wie alle anderen, einfach weil es anders nicht geht. Doch dies gilt nur, wenn wir uns nicht die Mühe machen, nach individuellen Lösungen zu suchen. Jeder von uns hat einen einzigartigen Daumenabdruck, eine einzigartige Stimme und eine einzigartige Wahrnehmung dessen, was wir »gemeinsame Realität« nennen. Also, meint Mr. ED, hat doch auch jeder seinen ganz eigenen Lebensweg. Die bloße Information »Es geht nicht« darf uns nicht ausreichen, um den Kopf schon in den Sand zu stecken und die Grenze zu akzeptieren, die sich damit vor uns auftut.

Fragen wir uns lieber: Wie viel Zeit und Mühe können wir investieren, um unsere eigenen Lösungen zu entdecken? Wie viel Vertrauen und Zuversicht geben wir als unseren Einsatz in die Waagschale, damit die Inspiration uns finden und führen kann? Wie viel Herzenswärme und Lebensfreude setzen wir einem »Es geht nicht« beharrlich entgegen, bis es schmilzt und ein »Es geht« daraus wird?

DER SPIELPLATZ IST FÜR ALLE DA

Stell dir einen wunderschönen Spielplatz vor – doch er ist am Nachmittag total überfüllt. Dein Kind möchte auf die Erlebnisrutsche und kommt weinend und ungerutscht nach langer Wartezeit zurück. Wo ist der Weg? Was denkst du? Gibt es für euch keine Möglichkeit?

Am nächsten Morgen kommt ihr zufällig wieder an dem Spielplatz vorbei. Doch was ist los? Er ist leer. Die Rutsche ist frei und das ist eure Chance. Vielleicht seid ihr vormittags sogar lieber auf dem Spielplatz? Es passt also für euch – was nicht heißt, dass es für alle passt. Doch das Gute ist doch: Du suchst ja erst mal nur deinen Weg – und gerade nicht den Weg für alle. Bleibst du in der Zuversicht, findest du Nischen, die deine ganz eigene Wunscherfüllung ermöglichen; aber um 15 Uhr ist der Spielplatz eben überfüllt.

Mr. ED rät daher: Halte die Augen offen und bleib achtsam, um deinen persönlichen Alltag zu verbessern und deine Ziele zu erreichen. Und beobachte einmal, wie du mit Informationen umgehst und was du aus ihnen machst: Nimmst du sie als gegeben hin? Oder hinterfragst du sie und betrachtest sie aus verschiedenen Perspektiven? Uns Zauberlehrlingen fällt das von Tag zu Tag leichter – denn wir haben ja Mr. ED! Jederzeit können wir ihn fragen: Was ist jetzt gerade wichtig? Wo liegt gerade meine Chance? Was will jetzt zu mir kommen?

Den eigenen Weg zu finden ist sicher mühsam, doch nur darin liegt die Chance, unsere Einzigartigkeit zu erfahren.

TRUST YOUR
INNER TIMING

Schon sind wir beim sexy Alltagstrick Nummer 3, nämlich: Plane deine Zeit intuitiv! Mr. ED hat da zuerst mal eine Frage: Was uns eigentlich eine Zeitplanung bringt, die komplett gegen unseren Rhythmus, unsere kreativen Phasen, unsere Lust und unser Befinden arbeitet? Er findet es interessant, wie oft wir gegen unsere Ressourcen und unsere Energie arbeiten, und fragt sich, welchen Sinn das ergibt. Denn man würde doch meinen, dass wir uns selbst bestmöglich fördern wollen – um täglich unsere Möglichkeiten auszuschöpfen. Was tue ich heute? Daraus leiten wir bewusst oder unbewusst ab, wer wir sind und welchen Sinn unser Dasein hat. Die völlige Freiheit, entbunden von Pflichten, Routinen und Zielen, wäre auf Dauer ein unerträglicher Zustand.

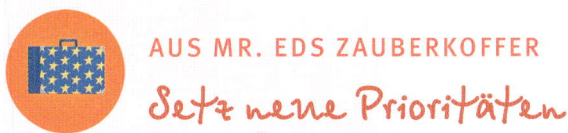

AUS MR. EDS ZAUBERKOFFER
Setz neue Prioritäten

Magische Alltagsplanung verbindet drei Dinge miteinander:

- ein tägliches Inspirationsbad,
- freie Zeiträume für magische Fügungen und Hilfe von oben,
- Notwendigkeiten, um die auch der Magier nicht herumkommt.

Man beachte die Reihenfolge. ☺

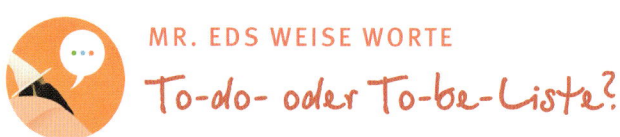

MR. EDS WEISE WORTE

To-do- oder To-be-Liste?

In einer To-do-Liste komme ich leider gar nicht vor! Du gehst dann davon aus, dass du alles allein tun musst und dass es anstrengend ist – oder langweilig und grau. Daher mag ich To-be-Listen viel lieber!

TO DO OR TO BE?

Auch ein Alltagsmagier lebt nicht einfach in den Tag hinein, ohne zu wissen, was er vorhat: Seinen Tag (also sein Zeitpotenzial!) zu planen, ist für ihn zentral. Doch – du ahnst es – tut er das ein wenig anders als jemand, der der Spezies eiliger Kreisel angehört: Er vereint Notwendigkeiten mit offenen Fenstern. Offene Fenster? Ja, genau! Das sind die, durch die der magische Hauch jederzeit hereinwehen kann. Hältst du deine Fenster alle geschlossen (weil dein Zeitplan überfüllt ist), schaltest du das Magische aus!

Gehörst du auch zu den Menschen, die fleißig ihre To-do-Listen schreiben? Im Prinzip ist das kein schlechter Ansatz. Nur wäre eine To-Be-Liste schöner! Ich bin. Oder: So ham, wie der Yogi sagt – während er ein- und ausatmet. Und nicht: Ich hetze durch den Tag und hake dabei ab: zack ... zack ... erledigt ... erledigt ... höher, schneller, weiter ... Ja, okay. Und dann?

Doch was, wenn dein Tag kein Abhaken von To-Dos wäre – sondern ein Freudentanz? Gern kannst du gerade mal aufstehen, dein Lieblingslied anstellen und einen Tanz hinlegen, der sich gewaschen hat. Im Ernst – tu es. Dann verstehst du, wie es sich anfühlt – darüber lesen und schreiben kommt dem nicht im Ansatz nahe.

Du hältst Mr. ED für nicht ganz normal? Also, da hast du recht. Er ist ja auch magisch. Und ein Freudentanz öffnet – ja genau! – wieder mal eine magische Tür! Immerhin liest du ja gerade ein Handbuch für magische Alltagsgestaltung. Und da ist es ganz wichtig, dass du dich beim To-be-Listen-Schreiben zuerst in die richtige Stimmung bringst! Nach deinem Tänzchen atme tief durch und mach noch kurz den Check: Bist du gerade echt, einfach und versöhnt, vertrauensvoll und vielleicht sogar online? Oder ist noch eine kurze Inspirationsdusche angesagt? Und bist du bereit, unperfekt zu sein und lieber Fragen statt Fakten zu schaffen? Fein! Alles paletti. Welcher Gedanke kommt dir dann beim Schreiben deiner To-be-Liste zuerst? Richtig: Teamwork! Also bitte Mr. ED dazu!

HEUTE GELINGT MIR EINFACH ALLES

Sieh die Vorbereitung auf den kommenden Tag als ein Zwiegespräch mit Mr. ED! Oder trinke deinen Morgenkaffee mit ihm und schreibe zusammen mit ihm deine Liste. Öffne deinen Horizont: Nimm nicht bloß vermeintliche Pflichten und Notwendigkeiten wahr, sondern erspüre, was ganz organisch als Nächstes gemacht werden möchte – denn manchmal ist das etwas ganz anderes, als du geplant hast. So entsteht ein sanfterer, kreativer Arbeits- und Erledigungsrhythmus, der uns davor bewahrt, weiterzumachen, wenn es monoton oder unpro-

MR. EDS WEISE WORTE
To-be-Listen schreiben

Eine To-be-Liste ist weder linear noch starr geplant. Sie ist eine Ansammlung bunter Bälle, die du dir aus dem Bällebad der Möglichkeiten zusammenstellst. Bälle können hüpfen, rollen, springen oder dir zufliegen. Dadurch werden sogar magische Synergieeffekte möglich: Rechne mit kreativen Quantensprüngen!

duktiv wird oder wenn der innere Bezug verloren geht. Zugleich lassen wir ein höheres Wissen als unseres in unsere Tagesgestaltung einflie-ßen – und öffnen ein Fenster dafür, dass sich die Dinge durch Zufälle oder Hilfe von oben noch viel besser oder produktiver regeln dürfen, als wir es uns vorstellen können.

Statt uns zu quälen, nutzen wir Zeiten, in denen wir inspiriert sind, und benötigen weniger Arbeitsstunden: Wir vertrauen einfach unserer Intuition. Fortgeschrittene Alltagsmagier brauchen gar keine Listen mehr: Sie folgen radikal ihren inneren Impulsen und leben in den Tag hinein, im Vertrauen, dass sie das Wechselspiel aus Überraschung, Inspiration und plötzlichem Tatendrang in die optimale Richtung lenkt.

MR. EDS MAGISCHE MINUTE
Deinen Tag magisch gestalten

Nimm einen Zettel, zeichne ein Strichmännchen in die Mitte – das bist du. Schreibe rund um das Männchen lauter Ideen, wie du deinen Tag heute magisch gestalten kannst!

- Welche Highlights kannst du dir setzen?
- Wo bist du offen für magische Lösungen?
- Welche Möglichkeiten hast du von hier aus?

Die Übung braucht nur einen Moment – aber du hast so viel davon! Es ist geradezu genial, wie viele Ideen in uns schlummern, unseren Tag magisch zu gestalten. Mr. ED erklärt: Damit Antworten kommen, musst du eben erst mal die Frage stellen! Und das vergessen leider die meisten!

Spontaneität ist eine vitale Kraft. Sie weist eine geheime Verwandtschaft mit dem Unbekannten auf, entbehrt aller Vorhersagbarkeit und ist überraschend. Wie ein Mysterium, das aus einer jenseitigen Welt in die unsere fliegt: Gerade noch unbekannt, ist sie plötzlich da und über ihren Ursprung ist nichts bekannt.

Dein Potenzial, das sind deine kreativen Ideen und Eingebungen – und dort liegt auch dein Ausgangspunkt, wenn ihr (Mr. ED und du ☺) beginnt, an deiner Tagesliste zu werkeln. Eine To-Be-Liste hat nie die Überschrift »Wie kann ich allen Anforderungen von außen gerecht werden?«, sondern immer: »Wie kann ich meinen Tag heute magisch gestalten?« Mach deine Begeisterung zu deinem Wegweiser!

AUS MR. EDS ZAUBERKOFFER
Die Magie von Ort und Zeit

Wir können unsere Kreativität zu ungewöhnlichen Zeiten oder an ungewöhnlichen Orten aus der Reserve locken: Probiere einmal, zu einer für dich völlig untypischen Zeit zu arbeiten. Setz dir dafür kein striktes Ziel, sondern beobachte, was fließen will. Welche Zeit eignet sich für dich?

Oder du schnappst dir dein Laptop und setzt dich in dein Lieblingscafé, statt wie immer zu Hause zu arbeiten. Wie wäre es mit einer Parkbank an einem Sommermorgen, vielleicht mit dem Frühstück im Gepäck? Finde deine Orte und Zeiträume, wo du arbeiten kannst wie ein geölter Blitz. Und falls dir nachts um halb vier eine Idee kommt – mach dir die Mühe und schreib sie auf, denn es lohnt sich! Verpflichte dich deiner Kreativität: Wenn sie ruft, sei ihr zu Diensten, denn sie ist dein magisches Potenzial.

Wenn ein intuitives, kreatives Arbeiten fließt, liegt zwischen dem Arbeiten und dem Sein keine Grenze mehr. Wir sind dann in unserem Element und es fühlt sich so herrlich richtig an. Das Geheimnis, um diesen Flow in Gang zu bringen, liegt darin, dem magischen Jetzt-hätte-ich-Lust-Impuls umgehend zu folgen: Wir lassen alles stehen und liegen, um uns für nur zehn Minuten an den Rechner zu setzen – und in dieser Zeit notieren wir mühelos das Outline für ein neues Projekt.

DIE HEILENDE HALBSEKUNDE

Die Medienpädagogin Hertha Sturm erfand in den Achtzigerjahren des 20. Jahrhunderts den Begriff der fehlenden Halbsekunde. Sie wandte ihn auf Kindersendungen an, bei denen die Schnitte oft so schnell hintereinanderkommen, dass die Kinder nicht mehr in der Lage sind, dem Inhalt ordentlich zu folgen.
Doch wir alle, auch wir Erwachsenen, brauchen Übergangszeiten zum Verarbeiten von Eindrücken. Das sind heilende Momente, in denen wir

AUS MR. EDS ZAUBERKOFFER
Hol dir die Halbsekunden zurück!

Sei achtsamer, was deine Zeitrhythmen im Alltag angeht – und hol dir deine Pausen und Zwischenzeiten zurück! Du brauchst sie unbedingt, um dich gut zu fühlen! Stürme nicht gleich ans Telefon, wenn du ins Büro kommst, sondern nimm dir einen Moment, um bewusst anzukommen und dich erst mal zu orientieren, was heute ansteht. Schon ein tiefes Durchatmen spendet dir die heilende Halbsekunde!

Gib dir ausreichend Raum für Übergänge, denn zwischen dem Jetzt und dem Gleich liegt ein Portal in eine magische Welt, das du übersiehst, wenn du immer nur hetzt.

ankommen und wieder aufbrechen können – nicht nur beim Blick auf den Bildschirm. Ist unser Alltag dauerhaft so eng getaktet, dass uns keine Zeit zum Reflektieren bleibt, führt uns das in den Wahnsinn – es ist das treffsichere Rezept für den Burnout.

Der Vorspann einer Serie stimmt uns auf die folgende Handlung und das Setting ein, anstatt uns direkt hineinzuwerfen. Und ein Abspann verabschiedet uns. Vielleicht kennst du noch das Intro von »Die Waltons« – samt dem Outro, das uns mit dem oft zitierten »Gute Nacht, John-Boy« wieder verabschiedet. Wir fühlen uns herrlich eingelullt – ja, sogar geborgen und mit der Welt versöhnt.

Doch wie ist es im echten Leben? Innerhalb eines Tages begeben wir uns in so viele Situationen – das erste Meeting, die stressige Vorbereitung der nächsten Konferenz, der Besuch beim kranken Nachbarn, der schnelle Einkauf im überfüllten Supermarkt, während wir gleichzeitig telefonieren und WhatsApps verschicken – und der Tag ist längst nicht vorbei. Zwischen den einzelnen Phasen liegen für uns kaum Übergangszeiten. Wir tragen die Stimmung von der einen Situation ungefiltert in die nächste, lassen uns zu schlechter Laune und gestressten Reaktionen hinreißen und sehen hilflos dabei zu, wie unser Akku ausblutet. Die Quittung kommt abends: Kein schöner Feierabend erwartet uns, sondern der totale Erschöpfungszustand, weil wir tagsüber keine Übergangsmomente zum Auftanken hatten. Dabei hätten kleine Inseln des Durchatmens gereicht.

ERSPÜRE
ZEITQUALITÄTEN

Und hier kommt der sexy Alltagstrick Nummer 4: Mr. ED rät uns, in einen Dialog mit der Zeit zu gehen, bevor wir sie verplanen. Wenn wir uns still hinsetzen und in die Zeit hineinspüren, können wir wahrnehmen, wie sie genutzt werden möchte. Und mit unseren Vorhaben, Plänen und Zielen werden wir es wesentlich leichter haben, wenn wir mit dem Segen der Zeit arbeiten – und nicht gegen sie.

Bist du schon mal auf die Idee gekommen, dass sich deine Wochentage unterschiedlich anfühlen? Dass Dienstag oder Donnerstag eine andere Qualität haben als Mittwoch oder Freitag? Dass du ihnen unterschiedliche Farben geben würdest? Dass du manche Tage lieber magst als andere, obwohl es dafür keine logische Erklärung gibt?

Zu jedem Tag passen bestimmte Tätigkeiten oder Termine, ein voller oder eher leerer Zeitplan, vielleicht bestimmte Gerichte, die wir dann lieber kochen oder essen. Schreibst du dienstags gern Briefe? Erledigst du freitags lieber Telefonate? Kleidest du dich mittwochs gern bunt, und wenn ja, warum?

MR. EDS WEISE WORTE

Magische Klasse – statt Masse

Plane weniger mit der Zeitmenge, sondern mit der Zeitqualität! Acht Stunden harte Arbeit oder eine Stunde inspirierter Workflow – beides kann denselben Output bringen. Es ist eine versteinerte Meinung, dass gute Ergebnisse nur durch mühsame, langwierige Plagerei möglich sind.

Ziel ist es, optimale zeitliche Bedingungen dafür zu schaffen, dass du dein volles Potenzial ausleben kannst. Das Prinzip lässt sich weiter ausdehnen, wenn du die einzelnen Kalendermonate des Jahres erspürst: Was steht in jedem Monat an? Wozu lädt er dich ein? Was will der Januar (jedes Jahr wieder) von dir? Was liegt im April immer wieder an, was im September? Und: Welche Monate sind deine persönlichen Favoriten, in welchen fühlst du dich besonders wohl? Wofür könntest du genau diese Monate nutzen?

UNSER ALLTAG ALS MAGISCHER GARTEN

Für den passionierten Gärtner ist eine Jahresüberblicks-Planung nichts Neues, im Gegenteil: Er weiß genau, wann er zu säen, zu schneiden und zu ernten hat, damit seine Pflanzen bestens gedeihen. Jede Jahreszeit,

MR. EDS MAGISCHE MINUTE

Schreib dein Jahresraster!

Schreib dir in einen Plan, was dir zu den einzelnen Monaten des Jahres an wiederkehrenden Erledigungen und Ereignissen, an Freuden und Qualitäten einfällt! So hast du ab jetzt für jedes Jahr ein übergeordnetes Raster – die Basis für deine Detailplanung. Damit kannst du immer bestens vorbereitet in die einzelnen Monate starten!

jeder Monat, hat für seinen Garten eine wichtige Funktion – und es würde ihm nicht einfallen, dagegen zu arbeiten. Oder hast du schon mal im Tiefschnee Tomaten gepflanzt?

Ein gedeihender Garten ist Mr. EDs Lieblingsbild für ein erfülltes Jahr. Wenn wir die Phasen von Dunkelheit und Kälte, Sonnenschein und Wärme sowie all die Zwischentöne und leisen Entwicklungen ehren und uns nach ihnen richten, trägt unser Dasein Blüten und Früchte. Nutzen wir die kalte Jahreszeit für Rückzug, Innenschau und Gemütlichkeit! Nutzen wir Frühling und Sommer für Geschäftigkeit und lebendige Kontakte! Nutzen wir den Herbst zum Ernten – und zur Dankbarkeit. Die Natur macht es uns vor.

DIE RAUHNÄCHTE

Eine besonders gut geeignete Zeit, um sich in die Qualität des kommenden Jahres einzufühlen, sind die Rauhnächte. Es gibt – vor allem im Alpenraum – den Glauben, dass jeder Tag zwischen dem 25. Dezember und dem 5. Januar für einen Monat des kommenden Jahres steht: Das bedeutet, die Gefühlsqualität dieser Tage, eventuelle

Begegnungen oder Ereignisse könnten im zugeordneten Monat des nächsten Jahres wiederkehren. Es lohnt sich also, die Zeit um den Jahreswechsel ganz bewusst zu durchleben und sich in diesen Tagen (und Nächten) vielleicht Notizen über Erlebtes oder vorherrschende Gefühle zu machen.

Es ist erstaunlich, wie viel Information wir erhalten, wenn wir uns die Zeit nehmen, einmal bewusst in die Qualität des neuen Jahres hineinzuspüren. Falls gerade nicht Jahresende ist, kannst du die folgende Übung auch einfach für den nächsten Monat machen.

MR. EDS MAGISCHE MINUTE
Erspüre das kommende Jahr

Zum Jahresende gehst du regelmäßig auf die Jagd nach Zeitschriften, die Jahreshoroskope enthalten? Das kannst du dir als Alltagsmagier sparen – du orakelst nämlich selbst!

Nimm dir zwischen den Jahren einen ruhigen Moment, schließ die Augen und lass die Monate des kommenden Jahres innerlich an dir vorbeiziehen. Notiere, sobald du eine Empfindung hast:

Fühlt sich der Februar ruhig an, der April dagegen sehr lebendig?

Welche Farbe hat der März, und warum?

Bei welchen Monaten wird dir warm ums Herz, bei welchen erahnst du, dass sie arbeitsreich werden könnten?

Lass deine Notizen dich durch das Jahr führen – so kannst du prüfen, wie zutreffend deine Vorahnungen bereits waren.

Mr. EDs fünf sexy Alltagstricks

1 Sei unperfekt

2 Öffne dich

3 Trust your inner Timing

Erspüre Zeitqualitäten 4

5 Umarme Veränderung

1. Sei unperfekt

Sag einfach mal Nein zu Überstunden, dem perfekt gebügelten Hemd und dem pingelig gepflegten Vorgarten. **Mr. ED empfiehlt:** Ein Hoch darauf, dass die Menschlichkeit wieder einziehen darf, und statt perfekt dürfen wir öfter lebendig sein!

2. Öffne dich

Für mehr Inspiration musst du keineswegs hart arbeiten: Lehn dich zurück und öffne dich für magische Fügungen. **Mr. ED empfiehlt:** magische Kraftsätze und Offenheit für unkonventionelle Lösungen, die maßgeschneidert sind – für dich!

3. Trust your inner Timing

Du trägst deine ganz eigene zeitliche Weisheit bereits in dir. Wenn du ihr bewusster folgst, kannst du deine Effektivität mühelos erhöhen. **Mr. ED empfiehlt:** Erspüre intuitiv, wann (und wo!) welche Tätigkeiten getan werden wollen, dann sorgt die Magie von Ort und Zeit dafür, dass dir kreative Höchstleistungen zufliegen.

4. Erspüre Zeitqualitäten

Die Zeit möchte nicht einfach kalt von uns verplant werden. Nur dann kann sie uns ihr Geheimnis offenbaren: Zeit ist nicht gleich Zeit, sie ist ein Wesen mit vielen Gesichtern. **Mr. ED empfiehlt:** Erspüre die unterschiedlichen Eigenschaften zeitlicher Abschnitte, um sie zu deinem Vorteil einzusetzen. Dies ist das magische Geschenk, das die Zeit dir macht!

5. Umarme Veränderung

Alles wird so viel leichter, wenn du akzeptierst, dass Leben Veränderung ist. Solange du Dinge festhalten willst, obwohl ihre Zeit gekommen ist, kann das keine magischen Ergebnisse bringen. **Mr. ED empfiehlt:** Bring dem Leben immer mehr Vertrauen (statt Angst) entgegen, und akzeptiere, dass du beim ersten Schritt nicht schon den letzten kennst. Lässt du dich darauf ein, wirst du belohnt!

UMARME
VERÄNDERUNG!

Und hier kommt sexy Alltagstrick Nummer 5: Dulde Veränderung nicht nur, sondern umarme sie! Denn damit umarmst du das Leben – und auch mich, sagt Mr. ED. Veränderung gehört dazu – oft möchten wir sie aber nicht haben. Sie kündigt sich vielleicht bereits an und ihre Mahnung wird lauter, doch wir reagieren nicht. Es wird uns erlaubt, noch freiwillig einzulenken – tun wir dies nicht, werden wir vielleicht bald vor vollendete Tatsachen gestellt. Es wird hier im Grunde getestet, wie flexibel wir sind. Die vertrauensvolle Frage und das Unperfektsein sind zwei Tools, die jetzt sehr hilfreich sein können. Und im magischen Inspirations-Pentagramm ist Vertrauen einer der Grundpfeiler: Mit unserem Ja zum Leben erklären wir uns einverstanden, unseren Weg zu gehen, ohne schon alle Antworten zu kennen – und ohne Garantie, dass alles reibungslos läuft.

Die Tücke an Veränderung ist, dass wir nie sicher sein können, was sie bringt. Es ist ähnlich wie Sterben: Wer stirbt, schließt eine Tür hinter sich. Er geht einen Weg weiter, den wir von hier aus nicht sehen. Exit, so steht es auf der Tür, die Truman im Film »Truman Show« den Ausstieg aus seinem beengten Dasein ermöglicht. Paradoxerweise befindet sich für ihn hinter dieser Tür das wirkliche Leben.

»Es muss in diesem Abendland
ja Abentener geben!«

FUNNY VAN DANNEN, »ZEIG MIR EIN PAAR SEXTRICKS«

Der kleine Hobbit Bilbo Beutlin wollte eines unbedingt vermeiden: ein Abenteuer! Doch dann kam mein Kollege Gandalf vorbei und … naja, du kennst die Geschichte ja sicherlich. ☺ Warum ich das erzähle? Glaube besser nicht, dass du es dir mit mir, Mr. ED, auf ewig in deiner Komfortzone bequem machen kannst! ☺

Gehen wir aus einer Beziehung heraus, haben wir keinen Garantieschein für eine neue. Kündigen wir den Job, kaufen wir die Zukunft wie die Katze im Sack, denn: What's next? Was wird nun auf uns zukommen? Wir sind so programmiert, dass wir in die Vergangenheit zurückblicken, nicht aber in die Zukunft sehen können. Mr. ED meint: Vertrauen wir, dass dies seinen Sinn hat! Denn können wir nicht aus der Vergangenheit vieles lernen? Und würden wir morgens nicht oft lieber liegen bleiben, wenn wir schon vorher wüssten, was uns nach dem Aufstehen erwartet? Es nützt nichts, sagt Mr. ED, wenn wir damit hadern, dass wir die Zukunft nicht kennen. Wir wünschen uns ein Entfliehen aus der Ungewissheit. Doch wenn wir den Ausgang aller Dinge schon vorher wüssten, würde unser (Er-)Leben ja überflüssig. Ähnlich sagte es Picasso: Wenn wir schon genau wissen, was wir tun werden, warum es dann überhaupt noch tun?

VERTRAUEN STATT ANGST

Loslassen und in die unbekannte Leere springen, das sind schwierige Schritte: Wir haben alles gegeben, alles probiert, was uns möglich war – und nun ist es einfach an der Zeit, auf Hilfe von oben zu vertrauen. Wer sich traut, zu springen, wird fast immer vom Leben aufgefangen. Diese Erfahrung ist sehr schön, und doch kann sie eben nur gemacht werden, wenn wir mutig sind und nicht resignieren. Gerade also, wenn wir Veränderung umarmen, leben wir überhaupt erst.

Unser Design-your-Day-Poster zeigt uns: Wir wünschen uns durchaus Veränderung, denn wir möchten die Dinge loslassen, die zu unseren Ungunsten arbeiten. Als Magier wollen wir bestimmen, was in unserem Leben bleibt, was gehen und was neu geboren werden darf – und das dann auch aktiv umsetzen. Oder uns damit auseinandersetzen, warum manche Änderungen vermeintlich nicht funktionieren, womit wir sie blockieren. Über die Antwort müssen wir im Grunde nicht lange rätseln, denn: Blockieren, also vermeiden, bedeutet nichts anderes, als dass wir Angst haben.

Hier lohnt es sich, genauer hinzuspüren: Wovor haben wir eigentlich genau Angst? Wird sie kleiner und lässt sie sich bewältigen, wenn wir vorerst kleinere Schritte machen, unser Tempo etwas zurücknehmen? Wichtig ist nur, dass wir nicht stehen bleiben, meint Mr. ED.

Wie das gehen kann? Gesteh dir deine Angst doch ruhig ein. Sei unperfekt. Aus ganzem Herzen. Und dann: Stell deine Frage. »Wie komme ich von hier aus weiter? Auf meine Art und in meinem eigenen Tempo? Welche nächsten Schritte würden so richtig gut zu mir passen und mir sogar Spaß machen? Was ist zum jetzigen Zeitpunkt für mich an der Reihe, was steht an?«

MR. EDS WEISE WORTE
Inneren Frieden finden

Du fragst dich: Wie kann ich meinen inneren Frieden finden, wenn ich nie weiß, was meine Zukunft mir bringt? Ich glaube: indem du das Leben – und mich ☺ – als Freund siehst und nicht als Feind.

ES SIND KLEINIGKEITEN

Das Bewältigen einer Herausforderung beginnt mit einem ersten Schritt. Was, wenn du ihn kaum merkst? Überwinden wir uns ein wenig, purzeln uns doch meist schon Geschenke vor die Füße. Wir denken oft, dass sich unser Leben erst ändert, wenn wir die große Aufgabe gemeistert, die Trennung vollzogen oder den Lottogewinn in der Tasche haben, aber: Im Grunde sind es oft Winzigkeiten, die im Rückblick Großes eingeleitet haben. Was, wenn alles gar nicht so schwer ist – sondern leicht? Was, wenn Leben genau dieser Moment ist – und es den Zustand des absoluten Glücks, den wir immer anstreben, äußerlich gar nicht gibt? Sondern stattdessen einen Knopf in uns, der schon immer da war, einen Lichtschalter, den wir einfach nur anzuknipsen brauchen – und dann ist es egal, wie unser Leben von außen gerade aussieht, weil wir uns und unsere innere Wahrheit längst gefunden haben. Weil wir verstehen, dass der Umschwung ins Gute oft schon dadurch eingeleitet wird, dass wir uns einen Witz erzählen und darüber lachen ... Mr. ED grinst und dreht die Musik wieder laut. Er sagt, er möchte jetzt mal eine Runde tanzen – tanzt du mit?

»Willst du mit mir gehen? Gib mir deine Hand.
Gehen wir zusammen durch das Abendland.
Die Taschen voller Geld und gut gelaunt!
Und im Ohr den Abendsound.
Zeig mir ein paar Sextricks.«

FUNNY VAN DANNEN, »ZEIG MIR EIN PAAR SEXTRICKS«

Ein Hoch auf die Gemütlichkeit

Mr. ED liebt Gemütlichkeit – aber das heißt nicht, dass er sich nur in seiner Komfortzone aufhält, im Gegenteil! Gemütlichkeit ist gerade dann schön, wenn wir Heimkehrer sind, die sich nach einem Ausflug, einem langen Tag oder einem Abenteuer darauf freuen, nach Hause zu kommen. Unsere vier Wände sind ein Mekka für magische Alltagsmomente! Also lasst uns mit Mr. ED das Wohnglück feiern: Für die unvergleichliche Geborgenheit, mit der unser Zuhause uns Tag für Tag umgibt, schenken wir ihm unser schönstes Lächeln – und heben seine Energie auf ein magisches Level!

HOME IS WHERE
THE HEART IS

Neue Stadt, neues Glück? Wenn wir den neuen Wohnungs- oder Haustürschlüssel in Händen halten, fühlen wir uns angekommen. Zwar mögen die Wände noch kahl sein, doch können wir uns eines heimeligen Gefühls nicht erwehren: Diese Räume möchten uns ab jetzt Schutz geben. Sie möchten eine Festung für uns sein, sollte auch sonst mal alles schiefgehen. Zuhause – dieser Ort hat eine besondere Energie, er ist unser Freund: »Home is where the heart is«, sang Elvis Presley. Das Zuhause ist unsere Insel, auf der wir Zuversicht schöpfen für die Herausforderungen im Außen. Jona im Walfischbauch – die Fachsprache nennt es Moratorium: ein Ort und eine Zeit, sich zu sammeln, bevor es weitergeht. Unser Zuhause ist die heilende Halbsekunde in Gestalt: Wir nehmen sie in Anspruch, um uns zu regenerieren, um uns innerlich zu ordnen und immer wieder in unsere Kraft zu kommen.

MR. EDS WEISE WORTE

Süchtig nach Gemütlichkeit

Gemütlichkeit ist, wenn wir uns in die heimelige Geborgenheit unserer vier Wände einkuscheln: Aus dem Kamin wärmt ein Feuerchen, auf dem Herd köchelt die heiße Suppe und im Ofen wartet ein wunderbar duftendes frisch gebackenes Brot. Ein paar freie Stunden machen es möglich, die Uhr zu vergessen und ganz ins eigene Sein einzutauchen – ohne Stress oder Termine. Es gibt viele Möglichkeiten, das Zuhausesein zu feiern. Welche magst du am liebsten?

MR. EDS MAGISCHE MINUTE

Gedankenspiel

Wenn du ein Haus wärst – wie würdest du aussehen?

- Klein oder groß? Wo würdest du stehen? In der Natur oder in der Stadt?

- Welche Etagen und Zimmer gäbe es?

- Welche Farben gäbe es, welche Materialien?

- Und nun stell dir vor, dich betritt der Mensch, der dich liebt und sich für dich entscheidet. Was möchtest du ihm geben? Was möchtest du für ihn sein?

DIE SEELE BAUMELN LASSEN

Mr. ED liebt es, sein Zuhause zu genießen. Auf seiner Terrasse lässt er sich gern die Sonne auf den Bauch scheinen, er werkelt mit Hingabe in seiner magischen Küche und er liebt es, seinen Nachmittagstee auf dem uralten Magiersofa einzunehmen, das er für nichts in der Welt eintauschen würde. In solchen Momenten empfindet er Gemütlichkeit: Er inhaliert die liebevolle Energie seiner magischen Homebase.

Herbert Feuerstein sagte vor Jahren in einer NDR-Talkshow, sein Hobby sei »Wohnen«. Sehr treffend, meint Mr. ED! Denn überlegen wir uns, wie viel Mühe wir investieren, um uns Häuser und Wohnungen zu bauen, sie abzuzahlen und sie zu pflegen, steht das kaum im Verhältnis dazu, wie selten wir unser Zuhause wirklich auch genießen!

Kennst du das erfüllende Gefühl, nach dem Rasenmähen auf der Terrasse zu sitzen und den Garten zu genießen? Der Geruch vom geschnittenen Gras liegt noch in der Luft und vermittelt Einklang. Pflegst du dein Zuhause liebevoll, bedankt es sich mit magisch schönen Momenten.

DEIN ZUHAUSE – DAS BIST DU!

Unser Wohnraum erzählt, wer wir sind: Er beinhaltet so viele persönliche Dinge, dass er quasi unser Leben um uns herum aufspannt. Die Fotos an der Wand, die Lampe vom Flohmarkt, die Lieblingstasse oder die Farbe der Sofakissen spiegeln unseren Geschmack, unsere Vergangenheit, selbst unsere wunden Punkte.

Wir bewegen uns in unseren vier Wänden wie in uns selbst, wir öffnen zu Hause innere Türen, die wir sonst verschlossen halten.

Die Individualität unseres Zuhauses macht auch den Reiz aus, wenn wir Menschen besuchen oder selbst besucht werden: In unserem persönlich gestalteten und von unserer ganz eigenen Energie umgebenen Raum können wir uns gegenseitig noch besser erkennen. Es gibt keine zwei Häuser, Wohnungen oder Räume, die sich exakt gleichen würden, exakt gleich eingerichtet wären. Jeder Wohnraum trägt die Kennzeichnung seines Besitzers, ebenso wie unser Daumenabdruck keinem anderen gleicht. Sie sind einmalig.

Selbst wenn dein Zuhause noch kaum eingerichtet ist, spiegelt es deine Umstände, zum Beispiel dass du gerade einen Neustart wagst oder noch dabei bist, dich zu orientieren. Und es wartet geduldig auf weitere Anweisung. Deinem Wohnraum Zuwendung und Gestalt zu geben (»a little TLC«, wie man im Englischen sagen würde: TLC steht für Tender Loving Care, also liebevolle Fürsorge), ist im Grunde Balsam für dich selbst. Mr. ED meint: Dein Zuhause und du – ihr sitzt im selben Boot!

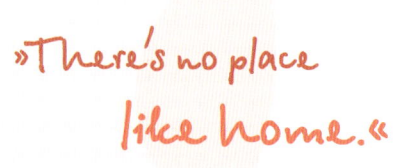

»There's no place like home.«

DOROTHY IM FILM »THE WIZARD OF OZ«

WOHN DICH
GLÜCKLICH!

Wohnraum ist (wie wir) in Bewegung und möchte sich mit uns entwickeln. Er schwingt mit unserem Alltag mit, also gibt es auch keinen Endpunkt, an dem alles fertig eingerichtet wäre.

DU KANNST AUCH MIT DEN WÄNDEN SPRECHEN

Gemütlichkeit ist nichts, was du komplett allein machen kannst – es ist Teamwork! Daher empfiehlt Mr. ED, deine vier Wände bei der Gestaltung einzubeziehen! Erspüre ihre Qualitäten – so wie Alltagsmagier auch Zeitqualitäten erspüren, du erinnerst dich?

Frag dein Zuhause, was es dir anbieten möchte. Was es dir zu geben hat. Wie die einzelnen Räume jeweils sein wollen. Sind es laute oder leise Räume? Sind es Morgen- oder Nachmittagsräume? Sind es Kinder- oder Elternräume, Hobby- oder Arbeitsräume, sind es lustige oder eher ernste, aktivierende oder entspannende Räume?

MR. EDS WEISE WORTE

Dein Wunsch ist mir Befehl

Dein Zuhause will dich tragen und unterstützen: Es ist wie eine eigenständige, liebevolle Energie, die dir zur Seite steht, um deinen Alltag magisch zu machen. Es will dir zu Diensten sein, so wie Mr. ED: Jetzt hast du also schon zwei neue Freunde. ☺

MR. EDS MAGISCHE MINUTE

Gespräch unter Freunden

Du kannst die Augen schließen, nach innen gehen und dich auf das Gespräch mit deinem Wohnraum einstimmen. Frage zum Beispiel: »Liebes Zuhause:

- Welche Botschaft hast du für mich?
- Welche Wünsche hast du an mich?«

Du möchtest ein Zimmer neu streichen und Farbe kaufen gehen? Dann frag doch ruhig mal, zu welcher Farbe dein Zuhause dir raten würde und warum! Wie oft hast du schon gedacht: Dann kann ich es ja auch gleich der Wand erzählen? Mr. ED meint: So isses! Sprich mit den Wänden, sprich mit den Räumen – und sie erzählen dir ihre Geschichte – und deine gleich mit. ☺

MAGISCHE WOHNUNGSSUCHE

Du möchtest umziehen? Dann sprich mit deinem Zuhause darüber! Bedanke dich bei ihm, erkläre den Grund und beschreibe, welche Art von Wohnraum du suchst. Deine vier Wände werden dich unterstützen und den Suchauftrag weitergeben! Erinnerst du dich an Disneys Film »101 Dalmatiner«? Daran, wie die Hunde sich untereinander über meilenweite Entfernung verständigt haben? Genauso tun das Häuser und Wohnungen, meint Mr. ED! Er weiß, dass schon viele Menschen auf diese Weise zu einer neuen Bleibe gekommen sind – und sich während der Zeit des Umzugs wunderbar unterstützt gefühlt haben. Es geht einfach darum, jede mögliche Hilfe in Anspruch zu nehmen – warum nicht auch diese?

AUF WORTE FOLGEN TATEN

Du möchtest nicht mehr nur reden, sondern die Ärmel hochkrempeln und zur Tat schreiten? Du bist fest entschlossen, dein Zuhause zu einer Oase magischer Gemütlichkeit werden zu lassen? Dann ist dies der Startpunkt einer wunderbaren Reise, denn sie wird einiges in Bewegung setzen! Wenn du auf dem Boot, in dem ihr beide sitzt (dein Zuhause und du), Veränderungen vornimmst, geht das an dir selbst nicht spurlos vorbei. Je offener du bist, auf deine ganz eigenen Bedürfnisse bei der Wohngestaltung einzugehen, umso höher steigt der Wohnglück-Pegel!

DU ODER DER BÜRGERMEISTER?

Was nützt dir ein riesiges Wohnzimmer, wenn du dich nie darin aufhältst – denn in Wirklichkeit hättest du lieber ein großes Atelier zum Malen? Mr. ED meint: Dann stell doch deine Leinwände in dein Wohnzimmer und mach ein Atelier daraus!

Zu einfach? Warum bist du nicht darauf gekommen? Weil man das nicht macht? Weil schließlich jeder ein normales Wohnzimmer mit Vitrine und Sammeltassen haben muss? Weil du dort den Bürgermeister empfangen willst, wenn er zu deinem 85. Geburtstag vorbeikommt? Frage dich: Wessen Bedürfnisse stellst du in deinem Zuhause an die erste Stelle? Deine ... oder die von irgendwelchen anderen?

»Du gehörst zu mir, denn dein Name steht ja an meiner Tür! Also helfe ich dir!«

DEIN ZUHAUSE

FÜNF EINRICHTUNGSGRUNDSÄTZE

Mr. EDs Inspirations-Pentagramm weist uns auch als Leitfaden für Einrichtung und Gemütlichkeit den Weg: echt sein, einfach sein, versöhnt sein, vertrauen und online sein: Mit diesen fünf arbeiten wir im Haus parallel zu unserer inneren Entwicklung – und dürfen auf magische Synergieeffekte gespannt sein. ☺

DIE ROSENTAPETE ODER: IS THIS ME?

Sehen wir unseren Wohnraum als Spiegel von uns selbst, dann ist es doch höchst interessant, uns mal daheim umzuschauen. ☺ Wir können uns auch vorstellen, wir kämen als Fremde: Was sehen wir und wie wirkt es auf uns, wenn wir unser Zuhause als Außenstehende betrachten? Was fällt uns besonders ins Auge?

Haben wir die erste Gefühlswallung überstanden – von Schock bis zu Verliebtheit ist hier alles möglich –, dann dürfen wir unsere schon bekannte Frage stellen: Is this me?

AUS MR. EDS ZAUBERKOFFER

TLC-Party für dein Zuhause

Du willst ausmisten, umräumen, völlig neu dekorieren? Dann bring dich vorher in die richtige Stimmung! Nimm ein Inspirationsbad, mach dir die richtige Musik an und gönn dir zwischendurch einen Freudentanz.

TLC steht im Englischen für Tender Loving Care: Wann immer du dir Zeit nimmst, um deinem Zuhause liebevolle Aufmerksamkeit zu geben, mach eine Feier daraus, damit ihr beide es genießt!

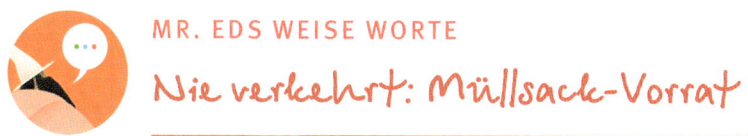

Nie verkehrt: Müllsack-Vorrat

In Supermärkten und Baumärkten kann man große Extra-Restmüll-Säcke kaufen, die zur Abholung neben die Mülltonne gestellt werden. Vielleicht ist jetzt der richtige Zeitpunkt, sich einen Vorrat davon anzulegen. ☺

Staunend halten wir den riesigen Messing-Kerzenleuchter in Händen, betrachten die Rosentapete oder die einst mit Hingabe gestaltete Grunge-Metal-Wand und fragen uns: Drückt das wirklich (noch) aus, wer ich bin? Oder auch: Wer bin ich denn eigentlich (gerade)? Sollten solch tiefgehende Momente eintreten, darfst du übrigens auch gern den Messing-Kerzenleuchter seitlich abstellen, um friedlich ein wenig der Kontemplation zu frönen. Hauptsache, meint Mr. ED, der Kerzenleuchter und du, ihr werdet auch weiterhin glücklich – es muss ja nicht am selben Ort sein. Oder doch?

RADIKAL ENTMISTEN?

Erinnere dich an deinen Avatar aus Kapitel 3: Stell dir vor, er schließt seine Haustür auf – was erwartet ihn? Wie sieht sein Zuhause aus? Schließ die Augen und lass es auf dich wirken! Doch Achtung, es kann Nebenwirkungen haben! Vielleicht möchtest du plötzlich alles entsorgen, was dir in die Finger kommt. Wie Schuppen fällt dir von den Augen, wie viele Dinge sich im Lauf der Jahre angesammelt haben. Sie wegzutun erscheint verlockend, wie ein Freischein auf Rundum-Erleichterung. Allerdings rät Mr. ED hier zur Vorsicht, er ist kein Freund von Extremen: Eine Entrümpelungswelle aus einer Laune heraus, die dich am Ende in leeren Räumen zurücklässt, kann später schmerzen! Lieb gewonnene Dinge, die du vorschnell entsorgt hast, sind dann für immer weg.

MR. EDS MAGISCHE MINUTE

Kurzcheck beim Ausmisten

Fühlt es sich stimmig an, dies und jenes nun zu entsorgen? Ist nun der Zeitpunkt dafür? Schließ die Augen und stell dir diese Fragen, bevor etwas in hohem Bogen in die Tonne wandert. Vielleicht möchtest du es auch weggeben oder verkaufen? Die Cafeteria der Schule freut sich bestimmt über Geschirr oder einen nicht mehr gebrauchten Smoothiemaker. Und so manch einer konnte nach Verkäufen über ebay-Kleinanzeigen vom Verkaufserlös ein Wellness-Wochenende buchen – oder zumindest schick essen gehen.

Alles, was uns umgibt, löst Gefühle aus – von Beklemmung bis zu Glückseligkeit. Aufräumen und Entrümpeln haben für den Alltagsmagier einen speziellen Zweck: den Blick auf das Echte frei zu bekommen. Falls du dein Zuhause prall gefüllt magst und dieser Stil dir entspricht, dann ist das ok. Fühlst du dich dagegen befreit, wenn du eine ordentliche Ladung Kram und Krempel entsorgst, dann wird Mr. ED dir eben genau dazu raten.

EINFACH EINRICHTEN

Wo möchte dieses Möbel oder dieser Gegenstand stehen? Höre einen Moment hin und erlaube, dass dir der Kerzenhalter oder der Tisch mitteilt, weshalb er in dein Zuhause gekommen ist. Welche Aufgabe möchte er übernehmen? In welches Zimmer gehört er?
Womöglich bist du überrascht, wie sich die Dinge oft ganz von selbst ordnen – und diese Ordnung macht uns den Alltag ein wenig einfacher.

Jedes Möbel, das sich optimal in eine Nische einfügt, jede aufgeräumte, harmonische Ecke entstresst uns. Es ist wie Wellness für die Psyche, wenn unser Blick auf eine Vase mit frischen Schnittblumen fällt. Außerdem entfaltet ein Gegenstand, der sich zufrieden und am richtigen Ort fühlt, eine magische Energie: Er bemüht sich, uns zu Diensten zu sein. Ein Schränkchen dagegen, dessen Charme in der falschen Ecke verkümmert, ruft: Ich will gerettet werden!

MACH REINEN TISCH

Einfachheit in der Wohnoptik, das sind Tische, auf denen (noch) nichts liegt: Sie sind einladend, denn sie strahlen Offenheit aus, eine vertrauensvolle Frage, du erinnerst dich? Wer wird hier als Nächstes sitzen? Was wird hier als Nächstes gemacht, gegessen, gespielt, gelesen? Welches Buch wird hier aufgeschlagen, welches Gespräch geführt? Wenn der Tisch hingegen voll ist von (unerledigten) Papierstapeln oder noch nicht wieder aufgeräumtem Kram, dann ist klar: Das ist keine Einladung, also besser woandershin. Setzen wir uns zum Briefeschreiben eben auf den Boden. Und wünschen uns dabei insgeheim ein einfacheres Leben!

MR. EDS MAGISCHE MINUTE
Schaff Platz für Alltagszauber!

Er braucht offene Fenster, aufgeräumte Flächen und einladende Pfade, durch die er mit Leichtigkeit hereinwehen kann wie eine Frühlingsbrise!

Wie viele sinnvolle Aufräum-Handgriffe schaffst du in einer magischen Minute? Die Zeit läuft … ab jetzt!

PAPIERKRAM ENTRÜMPELN

Mr. ED weiß, der folgende Absatz tut ein bisschen weh. Doch: »Augen zu und durch« wirkt in diesem Fall Wunder, denn es geht um den leidigen Papierkram. Mal ehrlich: Wann hast du hier das letzte Mal Komplettinventur gemacht? Es liegt uns schwer im Magen, wenn wir unterschwellig ahnen, dass wir eigentlich mal all unsere Verträge, Versicherungen und Abbuchungen, längst anstehende Kündigungen oder noch nachzureichende Steuer- oder Krankenkassenformulare tapfer angehen müssten, damit sie uns nicht mehr länger belasten oder noch schlechter: weiterhin Geld kosten.

Papierkram zu sortieren heißt, Lebensangelegenheiten zu sortieren, und was erledigt ist, befreit: Es gibt uns das schöne Gefühl, in einem Bereich gut versorgt zu sein, auf uns selbst geachtet, uns gekümmert zu haben. Also sieh es mal so: Sich drei Tage hingebungsvoll mit der Steuererklärung zu beschäftigen, ist Balsam für die Seele! ☺ Denn es ermöglicht uns, dass wir uns hinterher, wenn alles geschafft ist, ganz wunderbar fühlen können.

Auf deinem Schreibtisch stapelt sich bergeweise Papier, das eigentlich in Ordner mit beschrifteten Registereinlagen sortiert werden müsste? Warum dann nicht gleich heute? Manchmal springt sogar eine Extrabelohnung heraus: Mr. ED merkte bei einer Papierkram-Entrümpelung, dass er diverse Gebühren doppelt gezahlt hatte. Prompt winkte eine hübsche Rückzahlung und es konnte gefeiert werden!

VERSÖHN DICH MIT DEINEM ZUHAUSE

Jedes Mal, wenn dein Blick auf den Riss in der Küchentür fällt, ärgerst du dich. Jedes Mal, wenn du abends in der Küche Licht machst, fällt dir auf, dass die Jalousie immer noch kaputt ist. Und wenn dein heißes Wasser nicht mal für eine ganze Badewanne reicht, merkst du wieder, dass du dringend mit deinem Vermieter sprechen müsstest. Doch Stress zu Hause ist überflüssig! Er entsteht aus aufgeschobenen Dingen, die wir lieber nicht sehen möchten, nur gehen sie davon nicht weg. Versöhn dich! Pack es an, finde Lösungen und genieß die Ruhe nach dem Sturm! Wo Störfaktoren verschwinden, entstehen Frieden und Wohlgefühl!

DER KRAFTPLATZ ALS VERBINDUNG NACH OBEN

Erinnerst du dich, wie der Magier im Tarot mit einem Arm nach oben deutet, zu den magischen Mächten? So empfiehlt es sich, dass wir in unserem Zuhause symbolisch für diese Ausrichtung einen Platz des Leuchtens schaffen, einen Kraftplatz oder Altar.

Dieser Platz steht für unser Vertrauen in das Leben – und mit Licht, Räucherwerk und Kraftgegenständen erinnern wir uns daran, es immer wieder zu erneuern. Der Ort des Leuchtens ruft dir ins Gedächtnis, täglich dein Inspirationsbad zu nehmen oder deine Affirmationen zu sagen, dich selbst wieder aufzuwecken – und dich zum Resonanzfeld zu machen für die magischen Glücksfunken des Lebens.

Vielleicht stehst du nicht jeden Tag auf und bist sofort im Vertrauen. Vielleicht klappt manchmal gar nichts, doch bedenke: Du musst nicht perfekt sein! Indem du dein Licht trotzdem anzündest, zeigst du deinen guten Willen und sagst: Es gibt mich noch – und das feiere ich!

MR. EDS WEISE WORTE

Ein Stück Torte, bitte

Dir steht dein Stück vom Kuchen des Lebens zu! Und als Magier weißt du, welch großes Gewicht Vertrauen hat, sobald du es in die Waagschale legst. Es wird nicht unbemerkt bleiben, glaube mir: Es wird honoriert!

MAGISCHE
KLEIDERINVENTUR

Mr. ED ist beim Aufräumen vor dem Kleiderschrank gelandet – und
möchte einen Moment hier verweilen. Unsere Einrichtung spiegelt
uns – und unsere Kleider tun es auch, sagt er. Sie sind wichtig für unser
Wohlbefinden und sie beeinflussen, wie andere uns sehen: Körper und
Kleidung ergeben zusammen den von uns sichtbaren Anteil.
Mr. ED sagt: Deine Kleidung darf in deinem Sinne für dich wirken. Sie
darf die Menschen einladen, mit dir in Kontakt zu treten, mit denen du
dich am liebsten umgeben möchtest.

WAS ALSO ZIEH ICH HEUTE AN?

Du hast die teuersten Kleider im Schrank – doch zum Anziehen sind
sie zu schade? Die neuen Jeans sind gerade voll im Trend, doch du
trägst sie nicht so gern? Dein Kleiderschrank schreit vor bunten Farben – bloß sind sie leider nie passend?
Jemand in dir hat einen Wunsch – oh, das könnte Mr. ED sein:

MR. EDS WEISE WORTE
Vom Zauber des Ankleidens

*Das tägliche Ankleiden darf ein magisches Ritual sein, mit dem du dich
voll Freude für den Tag bereit machst! Deine Kleidung möchte sich um
dich legen wie eine Umarmung, die dir Kraft spendet! Stell dir vor, wie
deine Kleider als magische Schutzhülle leuchten.*

Basics zum Wohlfühlen

Schließ die Augen und frag deinen Avatar, was er gern trägt. Schau hin, was er anhat und worin er sich wohlfühlt.

Notiere fünf Basics, die du dir als Grundstock für deine Garderobe anschaffen oder – falls du sie schon hast – wieder öfter tragen möchtest.

Die richtige Kleidung kann ein Magnet für Alltagszauber sein, denn sie begleitet dich ja durch den Tag. Es lohnt sich, zu überlegen, was deine ganz eigenen Wünsche an Kleidung sind!

→ Welche Stoffe, Farben, Schnitte oder Marken passen zu dir?

→ Welche geben dir das Gefühl, etwas Besonderes zu sein?

→ Und welche willst du einfach nicht mehr?

SEI ES DIR WERT!

Eine gründliche Kleiderinventur hilft uns, in unserem Schrank wieder klarer zu sehen. Reserviere etwas Zeit dafür und geh die Stücke einzeln durch. Versprich dir selbst, nur noch Kleidung zu tragen, in der du dich wohlfühlst – und die dich bestmöglich unterstützt! Für alles andere ist dein Leben zu kostbar!

Mr. ED schlägt fürs Sortieren folgende Fragen vor:

→ Is this me?

→ Fühlt sich diese Bluse einfach an oder kompliziert?

→ Werde ich diesen Pullover wirklich jemals tragen?

→ Wie wohl fühle ich mich damit auf einer Skala von 1 bis 10?

→ Wie wirke ich darin? Würde mein Avatar es tragen?

Mr. ED steht neben dir.
Frag ihn,
wenn du nicht sicher bist!

Du kannst auch ein Schrankfach für Sachen reservieren, die du nicht mehr so recht magst, aber auch nicht sofort entsorgen möchtest. Sinnvoll ist außerdem, ein Fach für Sommer- oder Winterkleider einzurichten, die gerade nicht gebraucht werden. Und zu guter Letzt: Ergänze während deiner Inventur die magische Einkaufsliste deiner neuen Kraft-Kleider (aus der letzten Übung) und notiere, was in deinem Schrank zu deinem Glück noch fehlt!

EIN LEUCHTEN AUS DEM KLEIDERSCHRANK

Jetzt gehörst du zu den Fortgeschrittenen und bist bereit für die Frage: Was würde denn dein Kleiderschrank sich wünschen?

Stell dir vor, du öffnest deinen Schrank und er leuchtet von innen! In ihm liegen ansprechende Kleider – übersichtlich und geordnet. Angenehmer Duft (aus Duftbeuteln oder Seifenstücken) strömt aus seinen Fächern und vielleicht ist er ausgestattet mit schicken Holzbügeln, die zueinanderpassen und ein ruhiges Gesamtbild vermitteln. (Zedernholz eignet sich für Schränke gut: Es sieht edel aus und hält zuverlässig die Motten fern!)

Wäre dein Schrank glücklicher, wenn du endlich das Sockenfach sortierst – oder mal alle Socken entsorgst und dir einen Schwung neue zulegst? Suchst du jeden Morgen nach der Lieblingsjeans – und bist enttäuscht, wenn sie in der Wäsche ist? Dein Kleiderschrank möchte dich aber nicht enttäuschen! Unterstütze ihn, damit er dich jeden Morgen mit seiner guten Laune anstecken kann!

Oft sind es gerade die Details, die unser Glück ausmachen: Öffnest du täglich einen Kleiderschrank, der von innen heraus leuchtet, steigert das deine Lebensqualität enorm, denn es ermöglicht dir einen magischen Start in deinen Tag!

DAS ZIELKLEIDER-SYSTEM

Hast du schon mal Kleider gekauft, die du schon hattest, bloß sind sie in den Fluten deiner Schrankfächer verschüttgegangen? Oder kommt es dir bekannt vor, dass die neongrüne Bluse wochenlang in der Wäsche liegt, weil du einfach nichts hast, das du zusammen mit ihr waschen kannst? Handwäsche? Zu aufwendig. Separat waschen? Ganz schön dekadent für ein Teil. Lieber noch in der Wäsche liegen lassen und weiter überlegen? Auch keine nachhaltige Lösung …

Halte ab jetzt die Anzahl deiner Klamotten überschaubar und mach dir dein persönliches Kleiderkonzept, damit du weißt, wofür es sich lohnt, Geld auszugeben. Wähle nur noch wenige Farben, die sich dafür aber gut kombinieren lassen. So wird auch das Wäschewaschen leichter, denn ähnliche Farben und Materialien kannst du zusammen waschen. Kaufst du dagegen Einzelteile in grellen Farben, enden sie gern als Dauermieter im Wäschekorb.

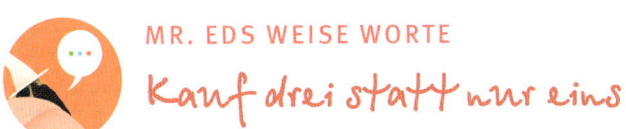

MR. EDS WEISE WORTE

Kauf drei statt nur eins

Hast du ein Lieblingsteil gefunden, das dir ideal passt und gefällt, dann kauf es gleich mehrfach! Denn schon bald ist es vielleicht nicht mehr zu bekommen, doch Lieblingsstücke können dich über Jahre begleiten!

MR. EDS WEISE WORTE

Fundament für magische Tage

Mehr vom Richtigen, weniger vom Falschen! Und insgesamt gern wenig, aber edel! So verträgt es sich wunderbar mit meinem Inspirations-Pentagramm – und bringt dir eine magische Grundzufriedenheit. Die Dinge, die dich umgeben, sollen (und können!) dich unterstützen, anstatt dir zusätzliche Arbeit zu machen.

Haben wir unser Kleiderkonzept einmal für uns klar, können wir die vielen Euros für bisherige Fehlkäufe zukünftig besser anlegen. Da mag die Bluse im Laden noch so neongrün leuchten, wir geraten einfach nicht mehr in Versuchung. Schritt für Schritt entwickeln wir ein für uns funktionierendes System gut kombinierbarer magischer Kleidungsstücke. Wir kaufen nur noch Zielkleider, also Teile, die unser Avatar auch tragen würde. Und wir wissen, was bestimmt nicht zielführend ist: noch einmal etwas zu kaufen, bei dem unser Körper und Mr. ED nicht einstimmig Hurra! rufen.

Ein Händchen für die richtige Kleidung zu entwickeln, ist eine Reise, aber eine, auf der wir lernen, uns selbst treu zu bleiben! Sei dir zu schade, um blind jeden Trend mitzumachen, sondern höre auf dein Gefühl, was du wirklich tragen möchtest. Ein erfahrener Alltagsmagier weiß einfach, wie oft seine Fehlkäufe schon im Schrank hängen geblieben sind – und erliegt den falschen Verlockungen nicht mehr.

So, das war Mr. EDs kleine Magierlektion am Kleiderschrank! Prüfe, ob deine Kleidung authentisch ist und ihrem Zweck gerecht wird, ob sie dich stärkt und ob du mit deinem Kleiderschrank versöhnt bist – damit ihr beide leuchtet: dein Schrank und du. Spätestens dann habt ihr euch ein Glas Sekt verdient – oder zumindest du den Sekt und dein Schrank ein Lavendelbeutelchen. ☺

DEIN ZUHAUSE
FEIERN

Nach der Arbeit das Vergnügen – und darauf würde Mr. ED niemals verzichten! Im Gegenteil, das Feiern ist für ihn die Hauptsache, alles andere ist hierfür die Vorbereitung. Und am allerbesten ist es, sagt er, wenn wir gar keinen Unterschied mehr zwischen Pflicht und Feiern sehen – weil wir unser Leben lieben, wie es ist. Klingt magisch, oder? Doch dazu sind wir als Alltagsmagier fähig, das macht uns aus!

VERGOLDE DEN MOMENT

Die fünfte Zacke des magischen Inspirations-Pentagramms zelebriert das Online-Sein. Bezogen auf dein Zuhause heißt das so viel wie: Feiere das Wohnen! Versetze dich in Hochstimmung, indem du es dir in deinen vier Wänden so schön wie möglich machst!

MR. EDS MAGISCHE MINUTE

Es darf rote Rosen regnen

Notiere fünf Impulsideen, wie du deine Zeit zu Hause im Handumdrehen veredeln könntest! Was brauchst du, um dich wie ein König oder eine Königin in deinem Reich zu fühlen? Was vermittelt dir das Gefühl, jemand Besonderes zu sein? Oft sind es Kleinigkeiten – gönn sie dir!

»Ma says special dishes
aren't for special times,
they're for special people.«

LAURA INGALLS WILDER IN »LITTLE HOUSE ON THE PRAIRIE«

Wir feiern den Moment schon, indem wir eine Kerze anzünden – und sei es nur für uns selbst. Vielleicht denken wir beim Einkauf, dass die fünf Euro für die Kerze im Glas überflüssig sind – doch was, wenn die Kerze uns eine so gemütliche Atmosphäre schafft, dass dabei ein schönes Gespräch entsteht? Dass wir uns spontan an unsere Lieblingsmenschen kuscheln oder beim Arbeiten so in Flow geraten, dass die Ideen nur so sprudeln?

BECAUSE YOU ARE SPECIAL

Der Alltag ist jetzt, nicht morgen, nicht gestern. Mr. ED findet es bemerkenswert, wie gern wir trotzdem neben der (Zeit-)Spur leben: Wir horten unsere besten Sachen dort, wo sie keiner sieht – doch wäre es nicht logischer, wir würden uns geradezu auf sie stürzen, um sie noch zu Lebzeiten zu genießen?

Das teure Geschirr ist nur für besondere Anlässe? Gut, dann raus damit zum nächsten Frühstück. Dein bestes Briefpapier liegt nur im Schrank und der teure Füller ist zu schade, um mit ihm zu schreiben? Die Marmelade aus England ist zu kostbar, um sie an einem Mittwoch zu öffnen, und die Seifenstücke aus der Provence sind doch nicht zum Benutzen? Kommen dir solche Sätze bekannt vor? Hortest du deine Schätze auch in Schränken, statt sie zu verwenden oder aufzubrauchen? Hast du dich mal gefragt, warum das so ist? Da fällt Mr. ED die

Geschichte vom alten Bauernpaar ein, das nur mittwochs Badetag hatte. Der Mittwoch war ihr einziger Tag der Woche, an dem sie sich ein warmes Bad gönnten. Nun kam es, dass das Paar für eine Nacht in einem teuren Hotel logierte. Es gab ein wundervolles Bad aus Marmor mit einer riesigen Badewanne. Bekannte erkundigten sich später bei den beiden, ob sie denn in der herrlichen Wanne ihr Bad genossen hätten? Mit großen Augen sahen sie sich an: Sie waren nicht einmal auf die Idee gekommen, zu baden – es war doch nicht Mittwoch! Und somit auch kein Badetag.

Zum Glück kann uns so was als Alltagsmagier ja nicht passieren, denn wir zelebrieren jeden Moment. We know that we are special, wie Laura Ingalls es sagte: Für uns gibt es – auch und gerade im Alltag – nur das Beste! Das ist übrigens nicht notwendigerweise immer das Teuerste, meint Mr. ED: Es ist einfach das Bestmögliche – und das Liebevollste. Das Beste für uns geht optimal auf unsere Bedürfnisse ein: Hier ist klar im Vorteil, wer sich selbst gut genug kennt, um zu wissen, was er braucht und was ihm guttut. Echt sein und einfach sein helfen dabei. Und vielleicht eine vertrauensvolle Frage stellen: Was wäre jetzt gerade das Allerbeste für mich?

MR. EDS WEISE WORTE
Warum eigentlich?

Warum hortest du deine Lieblingsdinge, ohne dich an ihnen zu erfreuen, indem du sie auch wirklich benutzt? Hast du dafür eine Erklärung? Warum hältst du sie für zu schade und wäre es denn so schlimm, wenn sie irgendwann verbraucht oder abgenutzt wären? Falls die besondere Gelegenheit, auf die du vielleicht wartest, nie kommt, könntest du es bereuen, deine schönen Dinge nie verwendet zu haben.

DAS BISSCHEN HAUSHALT

Wir empfinden es gemeinhin als gemein, dass wir ab und zu auch mal putzen müssen. Daher empfiehlt Mr. ED, sich das Reinemachen gehörig zu versüßen: Feiere es als TLC-Zeit, also als Zeit der liebevollen Fürsorge – für dich und dein Zuhause!

TLC TUT JEDEM GUT

Das bisschen Haushalt kann tatsächlich so schlimm nicht sein, wenn beim Fensterputzen im Wohnzimmer die Lieblings-TV-Soap laufen darf oder wir beim Badschrubben mit der richtigen Musikkulisse online gehen. Beim Staubwischen läuft der Lieblings-Podcast, so bringen wir uns ganz nebenbei up to date – und während wir die Geschirrspülmaschine ausräumen, überlegen wir uns den Essensplan für die nächsten Tage, sodass wir eigentlich gleich noch schnell einkaufen gehen könnten. Während wir den Kühlschrank auswaschen, lassen wir Kaffeeduft durch die Küche strömen und beim Bügeln stört ein nettes Telefonat keinesfalls. Während wir Schuhe putzen, überlegen wir uns eine dicke Belohnung für uns selbst. Feiere die Hausarbeit!

MR. EDS MAGISCHE MINUTE

Fünf Löffelchen Zucker

Du kennst die Übung bereits. ☺ Nimm einen Stift und notiere fünf Impulsideen, wie du dir deine häuslichen Putzeinheiten versüßen könntest! Denn dass ein Löffelchen voll Zucker das Aufräumen viel erträglicher macht, wusste schon Mary Poppins. Machen wir es ihr nach!

Notiere dir fünf Dinge, für die du in Zukunft mehr Geld ausgeben möchtest. Ja, du hast richtig gelesen! Allerdings sprechen wir von Haushaltshelfern. ☺ Welche Putz-, Koch- oder Waschutensilien (ob von Lieblingsmarken oder in Lieblingsmustern, besonders praktisch oder zeitsparend) dürfen in deinen Warenkorb wandern? Du wolltest schon immer die tolle Pfanne, die gleichzeitig als Bräter in den Backofen kann? Oder die Glühbirne, die sich über dein Handy fernsteuern lässt? Welche Haushaltshelfer lassen dein Herz höherschlagen?

Apropos Bügeln: Kauf dir den schönsten Bügelbrettbezug der Welt! Denn mit ihm verbringst du statistisch gesehen mehr Zeit als mit dem teuren Marmor-Schachbrett im Wohnzimmer. Verkehrte Welt also, wenn wir am Alltäglichen sparen und das Teure kaum genießen. Vielleicht möchtest du statt Billigspüli ab jetzt ein hochwertiges Bio-spülmittel verwenden? Vielleicht gönnst du dir neue Kochtöpfe oder neues Geschirr für den Alltag? Machen dir bunte Schwämme in Herz-form mehr Lust aufs Putzen? Oder fasziniert dich der nagelneue Staub-sauger-Roboter? Überlege, wie du dein Interesse an Hausarbeit gehörig erhöhen kannst!

Wer lebt schon gern zwischen ungewaschenem Geschirr und liegen gebliebenem Müll? Der Hausputz lässt sich also nicht vermeiden, aber wenn du dein neues Geschirr liebst, hast du mehr Spaß am Ausräumen des Geschirrspülers. Völlig Verliebte fangen sogar wieder an, mit der Hand zu spülen. ☺ Und sie singen dann auch beim Abwasch – so wie unter der Dusche (vor allem wenn sie frisch geputzt ist).

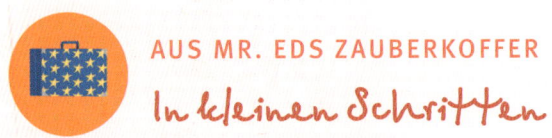

AUS MR. EDS ZAUBERKOFFER
In kleinen Schritten

Statt riesigem Hausputz mach immer ein bisschen – schon geht es leichter von der Hand! Nimm dir nur einen Raum vor – und freu dich daran, wie er in neuem Glanz erstrahlt! Oder nimm dir nur eine halbe Stunde vor (und stell dir den Wecker): Du wirst überrascht sein, wie viel du in dieser Zeit schaffst!

Falls du dich gar nicht motivieren kannst, mach eine 60-Sekunden-Challenge: zehn sinnvolle Handgriffe in einer Minute!

Such dir auf YouTube passende Haushalts-Hacks, die dir das Leben erleichtern – mittlerweile gibt es bergeweise davon. Wusstest du, dass sich mit Zahnpasta Wasserhähne oder Whiteboards wieder auf Hochglanz bringen lassen? Oder dass erhitzte Cola angebrannten Töpfen erste Hilfe spendet? Dass du aus Lidschatten und Klarlack die tollsten Nagellack-Farben selbst herstellen kannst? Dass du auch ohne Laminiergerät laminieren kannst – nämlich mit dem Bügeleisen? Dass sich aus Spüli und Kleber eine wunderbare Basis für Riesen-Seifenblasen herstellen lässt oder welche Mondphasen am besten für welche Hausarbeiten geeignet sind? ☺ Dies und vieles mehr findest du, wenn du nach Life Hacks googelst! Mr. ED meint: Es geht doch nichts über eine gute Idee! Wie wäre es zum Beispiel mit einem Schild, auf dem steht: »Unkraut an Selbstpflücker abzugeben.«
Durch eine Extraportion liebevolle Zuwendung laden wir unseren Wohnraum magisch auf. Räume zum Beispiel deinen Eingangsbereich auf und schenke ihm zum Abschluss einen Spritzer Raumspray oder zünde eine Kerze an. Ideen gibt es unendlich viele.

LASS DIE RÄUME
LÄCHELN

Bedanke dich bei deinen Räumen. Stell einen Blumenstrauß auf – und nun beobachte, was sich fortan darin abspielt. Wie ist die Stimmung, seit der Raum strahlt und lächelt? Wie verläuft dort das nächste Gespräch? Fällt dir plötzlich das passende Schränkchen ins Auge, das du schon ewig für diesen Raum gesucht hast? Oder kommst du auf die Idee, deinen Kaffee dort zu trinken, weil es plötzlich so schön ist? Du kannst jeden Raum zum Lächeln bringen, wenn du ihm Zuwendung gibst. Er wird dir antworten, indem er mithilft, die Wohnqualität zu verbessern: So zeigt er, dass er deine Mühe spürt.

Als Alltagsmagier sind wir dankbar für Schönes in unserem Leben – doch wir wissen auch, dass Leben Bewegung ist. Dankbar für Bisheriges zu sein heißt nicht, weitere Bewegung zu stoppen: Wünsche und Ziele sind unser Motor, unsere Motivation. Wir dürfen sie nicht nur haben, sondern wir brauchen sie, um zufrieden zu bleiben.

MR. EDS MAGISCHE MINUTE
Wie geht es meinen Räumen?

Geh ganz in Ruhe durch dein Zuhause, wandere durch die Räume und frage jeden Raum: Wie geht es dir jetzt?

Die jeweilige Antwort sagt nicht nur etwas über die Räume aus!

DAS LICHT IN DEINER MITTE

Mitten in der Bewegung des Lebens ist unser Zuhause unser ruhender Pol, denn es gibt uns Halt in stürmischen Zeiten. Mal ist es voller Menschen, Musik und Worte, mal ist es leer. Es ist ein Ort der Stetigkeit, es bleibt auch, wenn alles geht – sogar wenn wir selbst weggehen. Denn es hat sich im Vergleich zu früheren Generationen viel verändert: Wir ziehen öfter um und machen die Erfahrung, dass großer Wohnraum, viele Möbel oder der große Garten mit Pool weit mehr Zeit und Fürsorge von uns fordern, als wir noch haben. Lieber soll alles möglichst praktisch, pflegeleicht und anspruchslos funktionieren. Das hat Auswirkung auf das Konzept von Familie: Je mehr Familienmitglieder, umso unflexibler ist man, daher schrumpfen die heutigen Familien schon aus praktischen und finanziellen Gründen. Für unsere Groß- und Urgroßeltern wäre dies undenkbar gewesen: Auf dem Land kannte man keine Miete – man hatte sein eigenes Haus, sein Zuhause, über Generationen hinweg, sofern es der Krieg nicht genommen hatte. Oma, Eltern, viele Geschwister – die Familie lebte zusammen, anders kannte man es nicht. Ein wenig fühlt es sich an, als hätte die Zeit uns einen Schatz genommen, ohne dass es uns bewusst gewesen wäre – wir schauen uns noch mal um und erinnern uns mit warmem Herzen an unsere Kindertage.

»Meine Heimat ist ein Platz mit Licht in der Mitte. Meine Heimat ist ein Herz.«

MOSES PELHAM IN »MEINE HEIMAT«

Unser Wohnraum zieht sich zusammen, damit wir mit leichtem Gepäck reisen können. Tiny-House-Trends oder Backpacking-Bewegungen werden durch das bürolose Arbeiten übers Internet möglich, und das zeigt: Ein Zuhause lässt sich auch mitnehmen. Dann lächelt es aus uns heraus und wir können unsere Kerze anzünden, wo immer wir gerade sind. Du findest aber, dass ein Kamin unbedingt in ein Zuhause gehört? Das lässt sich umsetzen. Wusstest du, dass es mittlerweile Mini-Bio-ethanol-Kamine gibt? Für unter 30 Euro für einen kleinen Tischkamin bist du dabei – und dein Kamin ist dann auch überall dabei. Stephen Hawking sprach vom Universum in der Nussschale – Mr. ED spricht vom Zuhause in der Koffertasche – und Mary Poppins macht es uns vor, wenn sie ihre Stehlampe wieder einpackt, um weiterzureisen, wenn der Wind sich dreht.

Genau aufs Stichwort hat Mr. ED gerade den Ofen angeheizt und es sich in seinem Magierbau so richtig behaglich gemacht. Er fragt, ob du nicht eine heiße Schokolade kochen möchtest? Das wäre ihm jetzt angenehm, sagt er, denn das Jetzt ist der perfekte Moment für magisches Wohnglück. Gestern war gestern. Und was morgen sein wird, ist noch nicht gewiss. Genau jetzt ist aber vor allem eines: das Licht in deiner Mitte – wenn du es lässt.

MR. EDS WEISE WORTE
Das Zuhause in dir

Das Zuhause in uns ist das Samenkorn, um uns immer wieder eine neue Homebase zu schaffen, wenn die Zeit gekommen ist. Zuhause verlernt man nicht. Und selbst wenn du es in deinem Leben noch nicht kennengelernt hast, ist Zuhause ein Urbild, ein kollektiver Archetyp, den wir in uns tragen, ob real erlebt oder als Grundsehnsucht.

Alltagsmagier, leg los!

Alltagszauber liegt in der Luft und himmlische Fügungen sind schon in Vorbereitung! Denn selbst wenn wir zum letzten Kapitel des Buches kommen, stehen auf höherer Ebene die Zeichen auf Anfang: Mit unbändiger Leuchtkraft begibt sich der Alltagsmagier an den Start, um fortan jeden Tag als magisches Kraftwerk für seine Zwecke zu nutzen. In welche Richtung darf es gehen?

ALLES
AUF ANFANG

Mr. ED hat uns unterrichtet, damit wir selbst zu Alltagsmagiern werden. Bekommen wir jetzt unser Zertifikat? Ein Zertifikat? Nö, sagt Mr. ED: Was willst du denn mit einem Stück Papier? Geh in deinen Alltag und sammle magische Erfolge – das sind deine Trophäen! Schreib sie dir auf oder häng sie dir an die Wand – es ist wichtig, dass du dich an ihnen freust!

Ah ja. Und, Mr. ED, was willst du uns zum Ende des Buches noch mit auf den Weg geben?

Von Ende kann gar keine Rede sein!

Das ist doch erst der Anfang!

Der Anfang deines Lebens voller magischer Alltage!

DER MAGISCHE SCHRITT

Manchmal lesen wir ein Buch und nicken, wenn dort ein guter Satz steht. »Man sieht nur mit dem Herzen gut ... Das Wesentliche ist für die Augen unsichtbar« (Antoine de Saint-Exupéry). Bei solchen Sätzen seufzen wir und sagen: Ja, so ist es! Doch wir legen das Buch weg und gehen zurück in ein Leben, das so bleibt, wie es schon war.

Warum?

Weil wir nur dieses Leben kennen. Und wir nutzen die meisten Denkanstöße letztlich doch nicht als Wegweiser – sondern tun nichts.

Von nichts kommt aber nichts, sagt Mr. ED: Ein Magier ist immer ein Macher. Vielleicht wundern wir uns manchmal, wie erfolgreiche Menschen zu ihrem Erfolg kommen und Glückliche zu ihrem Glück. Der Unterschied zu denen, die es nicht schaffen, liegt in einem einzigen magischen Schritt. Die einen tun ihn, die anderen nicht.

Nun bist du Magier – und dein Motto lautet
Rise and Shine:
Steh auf, um zu leuchten!

RISE AND SHINE

Der Magier hat sich in das Leben verliebt – er ist auf den Geschmack gekommen – und damit steht er im Ring. Er ist ein Beginner, der das Feld aufspannt und das Spiel eröffnet. Im Tarot ist er die Karte eins – seine Botschaft ist: Es geht los.

Als Magier starten wir auf einer höheren Ebene als vorher, nämlich vom Ziel ausgehend. Wir wissen, wohin wir wollen, und stellen uns mitten in unser eigenes Leuchten hinein – jedoch nicht erst am Schluss, sondern gleich zu Anfang und in jedem Moment neu. Wir tun diesen magischen Schritt aus einem so tiefen Vertrauen heraus, dass wir das Ziel als Wahrheit fühlen und von dort aus handeln können. Unser Ziel ist dabei nicht so sehr als konkreter Umstand beschrieben, sondern eher als Absicht: die Absicht, welches Grundgefühl wir in unserem Alltag und damit in unserem Leben erfahren wollen. Der Magier stimmt sich auf das gewünschte Gefühl ein – die höheren Mächte antworten, indem sie die passenden Umstände schicken.

So einfach ist der magische Schritt: Du tust einen einzigen Schritt, sagen wir nach links oder rechts. Oder nach vorn oder hinten. Doch dieser eine Schritt macht den Unterschied – denn damit hast du deinen Standpunkt verändert: Nun kannst du dein Leben von einer neuen Warte aus betrachten!

Der Startpunkt für Veränderung liegt immer in unserem Inneren, nicht im Außen!

WIE WILLST DU DICH FÜHLEN?

Stell dir vor, du tust den magischen Schritt vom Ist-Zustand hinein in dein Ziel. Und in dem Moment, in dem du in deinem Ziel stehst, beginnst du zu leuchten. Nun die wichtige Frage: Wie fühlst du dich dort? Nimm dir Zeit, um dein inneres Zielgefühl so gut es geht wahrzunehmen, denn Mr. ED meint: Um dieses Gefühl geht es dir ja! Es geht nicht so sehr um die äußeren Umstände, die dein Ziel bedingen. Sie können vielleicht sogar variieren. Wirklich erreichen möchtest du das innere Gefühl, das deine Wunschvorstellung in dir auslöst. Also was ist es? Kannst du es beschreiben, Worte oder Bilder dafür finden?

Unsere Absicht, in ein bestimmtes Grundgefühl zu kommen, bestimmt unsere Wünsche. Je besser wir dieses Grundgefühl kennen, uns darüber bewusst sind, desto besser können wir uns darauf einstimmen. Und genau darin liegt der Trick dabei, sagt Mr. ED: Den wahren magischen Schritt tun wir nicht äußerlich, sondern innerlich!

Du brauchst dir nicht den Kopf zu zerbrechen, wie du die äußeren Umstände verändern kannst, um endlich zu deinem Ziel zu gelangen. Was immer wir als Magier verändern wollen – wir beginnen mit der inneren Arbeit und nicht im Außen. Wir stimmen uns auf das gewünschte Gefühl ein – und die höheren Mächte antworten, indem sie die passenden Umstände schicken. Den wahren, magischen Schritt tun wir also innerlich, indem wir das alte Gefühl loslassen und uns für ein schöneres Gefühl öffnen.

KING KONG UND DER GOLDENE RITTER

Wir glauben, zu unserem Glück müsste ein Erdbeben kommen oder ein Wunder, das sich mindestens in King-Kong-Size präsentiert. Doch Mr. ED will unseren Blick auf die kleinen, leisen Schritte lenken, die uns große Türen öffnen können – im Rückblick waren sie dann verkleidete Riesenwegweiser!

Die Rettung kommt meist nicht als goldener Prinz auf dem Schimmel oder in sonstiger bombastischer Form. Vor allem kommt sie in Wirklichkeit nicht allein von außen, obwohl wir annehmen, dass es so ist: Zuerst ist innere Vorbereitung nötig. Kläre die Fragen:

→ In welcher Situation befindest du dich gerade?
→ Welche Umstände umgeben dich?

Deine innere Frequenz hat sich auf diese Situation eingestimmt, sodass sie in deinem Leben sichtbar wurde.

MEHR LICHT

Bei dir ändert sich nie etwas, sagst du? Du hast keine Chance, weil sowieso immer alles beim Alten bleibt? Da ist Mr. ED anderer Ansicht! Leben ist Bewegung – also gibt es kein Leben, das sich niemals ändert.

MR. EDS MAGISCHE MINUTE

Es sind die kleinen Dinge

Überlege, wann das letzte Mal eine vermeintliche Kleinigkeit dein Leben beeinflusst hat – vielleicht sogar wesentlich. Ein beiläufiger Satz, ein Zufall, vielleicht sogar auch nur ein Blick … Was haben sie letztlich für dich bewirkt?

MR. EDS MAGISCHE MINUTE

Was kann ich besser machen?

Geh in Gedanken durch den heutigen Tag. Was hast du gefrühstückt? Was hast du am Vormittag erlebt, was am Nachmittag? Wie hast du dich gefühlt? Und nun schließ kurz die Augen und bitte Mr. ED, dir vorzuschlagen, wie und an welchen Stellen du es hättest noch besser machen können – und warum. Was sagt er?

Dein Leben kann sich überall dort abspielen, wo deine Vorstellungs- und Fühlkraft sich hinbewegen kann – und von dort aus sogar jenseits dessen, wenn du dich dafür öffnest. »Das Paradies ist gar kein Ort, sondern ein Zustand … Mit mehr Licht«, singt Moses Pelham in seinem Lied »Mehr Licht«. Wie wäre dein Leben, wenn du als Gedankenspiel mal allen Mist und Müll davon abziehst – sodass nur noch das Leuchten übrig bleibt?

Du kannst deinen Tag immer auf eine noch höhere Ebene bringen, als sie der gestrige hatte: Du kannst die Energie, die Ausrichtung, die Fokussierung oder deine Öffnung für Fülle und Freude immer noch etwas anheben oder schärfen. Als Alltagsmagier hast du ein Ziel vor Augen: mehr Licht für dein Leben – und dann steckst du den Rest der Welt damit ganz einfach an.

Mr. ED versichert dir, dass schon in kleinsten Änderungen ein magischer Hauch schwingt, der sich zu einem Wunder entwickeln kann, wenn du ihn lässt. Dein magischer Schritt kann noch so klein sein, du musst nur eine Regel beachten: Geh danach nicht mehr zurück. Sieh nur noch nach vorn!

JENSEITS VON GUT UND BÖSE

Wurdest du schon mal urplötzlich auf die andere Seite des geregelten Lebens geschwemmt, auf der keine Normalität mehr zu herrschen scheint? »Erst wenn alles scheißegal ist, macht das Leben wieder Spaß«, singen Element of Crime in »Delmenhorst«. Wir fliegen »per Anhalter durch die Galaxis«, wie Arthur Dent, der morgens aufsteht und ahnungslos die Bagger anrollen sieht, die sein Haus abreißen wollen. Doch es kommt noch besser, denn wenig später befindet er sich in einem Raumschiff, um der Sprengung der Erde zu entgehen: Eine schicksalhafte Wendung, die für ihn Ausbruch und zugleich Lockruf ist, weil sie ihn jenseits bisheriger Grenzen und Bequemlichkeiten ruft. Wir glauben, das Chaos sei die Katastrophe – wie die Nachricht von der unheilbaren Krankheit, die Georgia Bird alias Queen Latifah im Film »Noch einmal Ferien« erhält. Daraufhin wirft sie ihr bisheriges Leben über den Haufen: Sie unternimmt eine kostspielige Reise und wagt Abenteuer, die für sie bisher nicht infrage gekommen wären. Im Angesicht ihres Todes beginnt sie zu leben. Je größer der Schmerz, umso tiefer müssen wir uns aufs Leben einlassen und auf unsere innerste Wahrheit vertrauen, um Halt zu finden. Aus dieser Sicht könnte es ein Geschenk sein, wenn das Leben uns aus unserer Komfortzone zwingt. Denn mal ehrlich: Hätten wir sie jemals freiwillig verlassen?

Wo der Mist am größten ist, wartet das Wunder vielleicht schon hinter der nächsten Ecke.

MR. ED

Jenseits von Gut und Böse ist ein Ort, der uns verführt, magische Schritte zu tun: Unsere Hemmschwelle ist gesunken, weil wir glauben, wir haben nichts mehr zu verlieren. Wir stehen auf einem schwebenden Rest unseres zerbrochenen Bodens, doch wir erkennen in der Not die Chance: »Alles auf Anfang – von hier aus kann ich nur gewinnen!« Bravo, so ist es gut, lobt Mr. ED und feuert uns an: Merkst du, wie du ganz von selbst in die Haltung des Magiers kommst?

UNBÄNDIGKEIT

Die Bereitschaft für neue Wagnisse – selbst wenn wir sie aus der Not heraus entwickeln – verhilft uns zu einer Antriebskraft, die in einer höheren Liga spielt als alle Kräfte, die wir bisher von uns kennen. Mr. ED nennt sie Unbändigkeit. Weißt du, was das ist? Es ist eine Art Lebensmut 2.0, ein Lebensmut auf höherem Level. Und er ist nicht frei zugänglich – dafür musst du schon mindestens Zauberlehrling, wenn nicht Alltagsmagier sein. Du musst ein gebranntes Kind sein, doch eines, das noch Feuer im Herzen trägt. Mr. ED formuliert es so: Ob unbändiger Wille oder unbändige Freude: Niemand kann Unbändigkeit fühlen, der in seinem Leben nur an der Oberfläche schwamm,

MR. EDS WEISE WORTE
Unbändigkeit

Unbändigkeit vereint zwei Pole, die gegensätzlicher nicht sein könnten: deinen tiefsten Schmerz und deinen größten Hunger nach Leben! Daher kommt das Sprichwort: »Was uns nicht umhaut, macht uns stärker!« Du bist verletzt worden, hast vielleicht den Schmerz deines Lebens gespürt. Doch solange der Schmerz dich nicht abhält, das Leben noch mal auskosten zu wollen, wird er zu deinem Motor.

Wieso haben wir so lange geglaubt, dass wir perfekt sein müssen und nur die anderen Fehler machen dürfen?

ohne abzutauchen. Was wir durchgemacht haben, hat uns stärker gemacht, denn es hat uns die Augen geöffnet. Es hat uns einen Blick hinter die Kulissen des Lebens gewährt. Es hat uns ganz schön eingeschüchtert und uns andererseits ganz tief durchatmen lassen. Denn nun sehen wir die Umstände vielleicht in anderen Relationen. Bisherige Ziele werden vielleicht unwichtig. Menschen, die Macht über uns hatten, verlieren diese möglicherweise, weil wir plötzlich verstehen, dass wir frei sind. Vielleicht vergeben wir anderen, weil wir es endlich geschafft haben, zuallererst uns selbst zu vergeben, dass wir nicht so perfekt waren, wie wir sein wollten. Plötzlich können wir unsere eigene bisherige Geschichte akzeptieren. Wir nehmen unsere Rolle als Magier (wieder) an und lächeln dabei. Und nicht nur das: Unser ganzer Körper lächelt, unsere Seele lächelt.

Alltagsmagie heißt, dass wir unsere Energie hochfahren und unsere Seele wieder nähren. Dass wir unsere Gesundheit stärken, damit wir die Kraft haben, unseren Weg weiterzugehen: echt, einfach, versöhnt, vertrauend und online – du erinnerst dich? Und damit arbeiten wir auf eine Verbindung hin, die über unseren Horizont hinausreicht: Wir setzen uns in Bewegung, gehen los und wissen plötzlich, wohin. Immer noch können wir Entscheidungen treffen. Es ist noch nicht zu spät! Und doch flüstert Mr. ED dir ins Ohr: Warte nicht, bis du nicht mehr kannst!

KEINE CHANCE?
DAFÜR NUTZEN WIR SIE!

Wir brauchen einen Motor. Ein leidenschaftlich pumpendes Herz, einen rollenden Stein, einen glühenden Wunsch, ein inneres Wissen oder eben ein Erdbeben. Denn das ist das Geheimnis unseres Seins: dass wir Menschen auf unsere völlig eigene Art angetrieben werden. Das Kräftegemisch aus tiefstem Schmerz und höchster Freude ist Benzin für unser System: Es ist die Essenz. Wenn Mr. ED ab jetzt an deiner Seite bleiben darf, dann war dieses Buch nicht nur ein Buch für dich – sondern der Beginn einer magischen Freundschaft. Und mehr noch: der Beginn eines magischen Lebens. Von Ende kann also keine Rede sein! Mit Mr. ED stehen wir am Anfang – und der Anfang ist da, wo wir gerade sind. Mag sein, dass es für dich aussieht, als ob dein Leben die äußeren Umstände auf null gesetzt hat. Doch »wir haben keine Chance, dafür nutzen wir sie« (singt Moses Pelham in »You remember«): Die Umstände mögen so sein, wie sie sind, doch den Zauberstab hält immer noch der Magier in der Hand.

HÖCHSTE ZEIT

Verliebtheit hat die Macht, unseren Alltag aus den Angeln zu heben. Schwieriges gelingt schwerelos, dafür brauchen wir kaum Schlaf und sind plötzlich immun gegen alle Angriffe von außen. Statt hinter jeder Ecke Probleme zu wittern, tanzen wir beschwingt durch den Tag und erwarten geradezu, dass uns alles gelingt und uns alle Menschen wohlgesonnen sind. Leben und lieben – beide Wörter trennt nur ein einziger Buchstabe, weil das eine das Rezept für das andere ist. Oder nein, weil beides im Grunde dasselbe ist! Liebe ist nichts, das nur phasenweise auftritt – es ist eine Lebenseinstellung, und zwar eine magische.

Nicht verliebt? Echt nicht?

Ich möchte, dass du dich zuallererst in dich selbst verliebst – und in deinen Alltag! Schöpf aus der Verliebtheit die Kraft, dich deinem Leben mit Leidenschaft zu verschreiben: Deine Energie steigt um das Tausendfache, wenn du in dieser Haltung lebst!

Unser Alltag wird zu unserem Leben, jeden Tag ein Stückchen mehr, daher ist er von unschätzbarem Wert – und endlich fällt es uns wie Schuppen von den Augen. Wir sind aufgewacht! Wir brennen darauf, uns selbst zu begegnen, zu uns selbst Ja zu sagen, damit es losgehen kann: endlich die angezogene Handbremse lösen und den Fahrtwind spüren! Endlich leben!

In unserem Ja zu uns selbst liegt der Schlüssel zu unserem Weg – und zugleich unser Proviant für die Reise. Wenn du dich selbst immer wieder ablehnst und kritisierst, hast du kaum die Kraft, um weiterzugehen. Wenn du dich schwächst, verschwindet schrittweise die Farbe aus deinem Leben. Dir kommen gerade die Tränen, weil du plötzlich merkst, wie wenig Hochachtung du dir selbst bisher gezollt hast? Nimm dein inneres Kind in den Arm. Weine dich aus und dann starte neu. Du weißt ja: Es braucht nur einen (magischen) Schritt und schon stehst du wieder im Ring.

KANINCHENWEISHEIT

Nein, es geht hier nicht darum, zu hetzen und immer noch höher, schneller, weiter zu kommen! »The hurrier I go, the behinder I get«, stellt das weiße Kaninchen in Lewis Carrolls »Alice in Wonderland« fest. Der Magier will kein Kreisel sein, der sich durch sein eigenes Tempo innerlich verhärtet. Aber er hat auch keine Sekunde mehr zu verlieren, in der er aus Angst und fehlendem Vertrauen zögert, anstatt beherzt den magischen Schritt zu tun. Ob es ein großer oder ein kleiner Schritt ist? Das entscheidest du allein, denn nur du selbst weißt, was du brauchst und was dich glücklich macht. Was rät dir Mr. ED? Würde er wollen, dass du dich mit einem Riesenschritt überforderst? Nein. Doch du hast einfach keine Zeit mehr für all den Mist von außen, der dich ablenkt und dir den Mut, den du gerade gefasst hast, wieder nimmt. Denn dann trittst du auf der Stelle, daher: Beobachte genauer, welche Menschen, Gespräche und Botschaften dich beeinflussen – und in welche Richtung sie dich beeinflussen. Stärken sie dich oder schwächen sie dich? Spüre in dich hinein, dein Körper wird dir direkt mit Gefühlen von Wohlbefinden oder Kraftlosigkeit antworten.

DIE WASSER DES LEBENS

Auryn – die Kraft – sucht der Junge Bastian in Michael Endes »Unendlicher Geschichte«. Er tritt eine lange Reise an, um den Schatz letztlich bei sich selbst zu finden – genauer gesagt: in sich, denn der Schatz ist sein eigenes Potenzial. Die Erkenntnis ermöglicht ihm herrliche Freude: Er darf in den Wassern des Lebens baden. Er berichtet seinem Vater davon und der hat Tränen in den Augen, denn er hätte selbst gern etwas von dem Wasser gehabt. Mr. ED sagt: Er braucht nicht traurig zu sein! Er kann selber baden. Der Magier nimmt täglich sein Inspirationsbad – ein Sinnbild für die Wasser des Lebens, deren Wert wir nicht hoch genug schätzen können.

Wem oder was erlaubst du, deine Gefühle zu beeinflussen? Beobachte und entscheide mit Bedacht.

Tischlein, deck dich

Magisch heißt nicht, dass der Tisch für dich stets fertig gedeckt ist. Doch der Magier ist findig, wie er aus wenig Zutaten ein Essen zaubern und daraus Kraft ziehen kann – damit beim nächsten Ma(h)l vielleicht schon mehr auf den Tisch kommt.

DIE SCHLACHT AM BUFFET

Nicht alles im Leben ist angenehm, aber richten wir den Blick ruhig mal auf die Chance, die darin liegt! Wir können zum Beispiel unsere Wut anerkennen und in ihr eine Kraftquelle finden: Wir können sie als Motivation sehen, ungeachtet von Müdigkeit und Schmerz (oder gerade mit ihnen) weiterzumachen. Jeden Tag aufzustehen, den Finger in den Wind zu halten und zu fragen:

Wo ist jetzt mein Weg?

Das Problem, meint Mr. ED, ist oft gar nicht, dass unser Tischlein nicht köstlich bestückt wäre. Nur halten wir dann unser Glück kaum aus! Es wirft uns aus der Bahn, dass es besser läuft als je zuvor! Wir bekommen Panik, weil wir fürchten, uns selbst in all dem zu verlieren. Wir wollen uns mit aller Macht beweisen, dass wir wieder alles so hinkriegen können, wie es vorher war.

Und dann? Wir lassen Speisen verderben oder reißen das Tischtuch samt Eingedeck vom Tisch. Alles liegt am Boden und wir sagen: Ich habe es ja gewusst. Ich bin eben doch kein Magier.

Mr. ED schlägt vor: Beherrsch dich mal. ☺ Entscheide diesmal anders. Schmeiß nicht alles kaputt – warum solltest du? Atme lieber vorfreudig den Duft der süßen Speisen ein.

Wer hat es denn verdient – wenn nicht du? Mal ganz ehrlich? Ist es nicht allerhöchste Zeit für etwas Gutes? Und falls es doch noch nicht so

AUS MR. EDS ZAUBERKOFFER

Kannst du dein Glück verkraften?

Wenn es das nächste Mal ganz dicke kommt (das Glück ☺), dann übe, es auszuhalten! Richte dir bewusst Tage im Kalender ein, an denen es verboten ist, das Tischtuch vom Tisch zu zerren.

Dabei kann dir eine Übung der Anonymen Alkoholiker helfen: Nur heute, nur dieser Tag! Das stehe ich durch! Nur heute lasse ich das Gedeck auf dem Tisch liegen und übe mal, mich an der neuen Fülle zu freuen.

ganz klappt (es braucht schließlich ein wenig Übung!): Iss wenigstens noch was, bevor du den Rest auf den Boden feuerst! ☺

Durch das Üben wird uns klar, welch irrsinnige Grenzen wir uns bisher gesetzt haben. Wenn wir in der vertrauensvollen Frage leben »Was ist von hier aus alles für mich möglich?«, dann ist der Satz »Für mich ändert sich nie etwas!« nicht mehr länger tragbar. Warum solltest du auch an ihm festhalten? Möchtest du dich vor Enttäuschungen schützen? Wären nicht ein paar Enttäuschungen in Kauf zu nehmen, wenn dafür auch echte Höhenflüge möglich sind? Wenn du den Mut hast, auch Enttäuschungen die Stirn zu bieten, dann bist du vortrefflich auf das Gute im Leben vorbereitet.

YOU NEVER WALK ALONE

Mr. ED hat uns gezeigt, dass wir mit ihm sprechen können. Wir sind nicht allein, sondern können jederzeit Antworten erhalten: Wer sich in Verbindung setzt, ist verbunden!

Wir können Möbel und Wände befragen oder mit Zeitqualitäten und Wochentagen sprechen. Wir können unser Ich-Ideal, den Avatar, um Auskunft bitten oder uns mit unserem inneren Kind unterhalten. Wir können permanent mit dem Leben sprechen und so viele Fragen stellen, wie uns in den Sinn kommen, zu jeder Zeit und überall. So erschließen wir das Netz vielfältiger Informationsressourcen in unserem Leben. Wartezeiten an der Kasse oder im Wartezimmer können wir für interessante innere Gespräche nutzen. Überall dort, wo uns früher die rasende Ungeduld packte (»Wieso geht es denn hier wieder nicht weiter?«, »Wann kommt denn endlich die Bedienung mit dem Milchkaffee?« oder »Wie lange soll ich denn noch in der Telefonschleife hängen?«), bleiben wir besonnen, in Vorfreude auf einen guten Schnack, brillante Informationen und haufenweise wertvolle Wegweiser. Mach doch mal gerade den Test: Lass zum Beispiel deinen Blick schweifen, ob um dich herum irgendwelche Slogans, Botschaften, Sätze zu lesen sind. Was teilt dir dein optisches Umfeld gerade mit? Siehst du, es ist nicht schwer. Und nun Stufe zwei: Kannst du das Mitgeteilte befolgen? Zum Beispiel die Aufforderung, jetzt mal Pause zu machen?

MR. EDS MAGISCHE MINUTE
Frag doch mal deinen Tag

Frag deinen Tag: Was ist heute dein Thema? Die Challenge? Die Aufgabe? Was willst du mir heute sagen? Was willst du heute für mich sein?

Oder sprich mich an, Mr. ED: Ich bin dein Informant über die Vielzahl wunderbarer Möglichkeiten, kurz gesagt: dein Alltagsmagier.

Mr. EDs magisches Alltagsmanifest

Das Wichtigste für Zauberlehrlinge und Alltagsmagier –
hier von Mr. ED noch mal zusammengefasst.

Erkenne dein magisches Selbst

- Erkenne, wer du wirklich bist: ein Magier seit deiner Geburt. Du musst deine wahre Größe nicht erst verdienen, nur wiederfinden.
- Als Alltagsmagier hast du eine Mission: die Magie – und damit die Intensität – in dein Leben zurückzuholen! Lass dich ab jetzt durch dieses Versprechen anleiten, und gib ihm einen Namen: Mr. ED.
- Lass Mr. ED dein innerer Navigator sein: Bleib stets mit ihm in Verbindung – und damit in Verbindung zu allem, was ist.

Öffne dich für magische Führung

- Befolge Mr. EDs wichtigste Lektion: Sag Ja zu dir selbst – und verlieb dich in dein eigenes Leben.
- Würdige deine Geschichte: Schöpfe Unbändigkeit aus der Vergangenheit und ziehe daraus die Kraft, erneut an den Start zu gehen.
- Du startest dort, wo du gerade bist: Das ist dein Ausgangspunkt. Mach ihn nicht schlecht – sondern erkenne sein Potenzial: Er birgt magische Chancen und enthält wichtige Botschaften, die du für deinen Weg brauchst.
- The only way out is in: Spring täglich in dein Inspirationsbad und übe echt sein, einfach und versöhnt sein, vertrauend und online – du erinnerst dich? Das hilft dir, dich immer wieder für deine intuitiven Impulse – deine magische Führung – zu öffnen.

Kreiere deinen magischen Wunschalltag

- Gewöhn dir an, dem Leben immer vertrauensvoller zu begegnen:
  Ein Alltagsmagier fühlt sich zu jeder Zeit getragen.
- Sei wachsam für Details! Übe stilles Beobachten, um magische Zusammenhänge
  und Botschaften zu verstehen.
- Entwirf deinen Wunschalltag und deinen Avatar – doch zeichne dabei keine zu
  starren Bilder. Frage dich vor allem: Welche Gefühle möchte ich erleben?
  Überlass die genaue Umsetzung der dazu passenden Umstände den höheren
  Mächten.
- Der magische Schritt zieht die Wunscherfüllung an: Spüre dich vom Startpunkt
  aus in dein Ziel hinein. Fühl die Wahrheit deines Wunschzustands und mach sie
  zu deinem neuen Lebensgefühl!

Vergiss nie, dass du ein Alltagsmagier bist!

- Wende sexy Alltagstricks an, um deine magische Alltagsschwingung zu halten: Lebe mit Leichtigkeit und einer Prise Humor. Zelebriere das Unperfekt-Sein und umarme Veränderungen. Mit magischer Wohnraumgestaltung und magischen Kleidungsstücken richtest du deine jetzigen Umstände bereits auf deine Wunschumstände aus.

- Denke größer als bisher. Sieh Herausforderung nicht als Strafe oder Pech – sondern als Update für deine magische Lebenskraft!

- Die Magie nimmt in großen Schritten Einzug in dein Leben und du bekommst die Panik? Bleib standhaft, das ist jetzt wichtig: Als Alltagsmagier übst du, dein Glück auszuhalten. Nur so kann's immer besser kommen!

- Vergiss nie mehr, dass du ein Alltagsmagier bist! Was auch passiert, du kannst dich jederzeit wieder an die Startposition begeben. Steh bitte immer wieder auf! Und dann tust du in froher Erwartung einen Schritt: den magischen Schritt.

MR. EDS
FAQ-LISTE

Hallo, Mr. ED, ich kann mir dich nicht als inneres Bild vorstellen, was soll ich tun?

Einige Menschen sind visuell veranlagt, andere hören vielleicht eher eine Stimme oder erfühlen die Antwort. Auch das sind wunderbare Möglichkeiten, um mit mir in Kontakt zu treten. Lass mich an dieser Stelle noch mal betonen, wie sehr ich mich freue, wenn ich überhaupt wahrgenommen werde und endlich meine Hilfe anbieten kann!

Das reicht mir nicht. Ich muss jemanden sehen und anfassen können, um mit ihm zu sprechen. Was nun?

Was hindert dich, kreativ zu werden? Gestalte dir mich, deinen Mr. ED, doch als Figur! Zeichne mich oder nimm eine Playmobil-Figur und schneide ihr aus Filz einen Zaubererumhang. Du kannst auch einen Mr. ED aus Backknete formen, eine Puppe häkeln oder nähen oder eine Figur aus Holz schnitzen. Ebenso, wie manche sich Engel-figuren aufstellen, ist alles möglich und erlaubt, das dir hilft, um mit mir in Kontakt zu kommen. Denn ich bin dein Zugang zu deinem eigenen, wunderbar magischen Potenzial. Also nutze es – und tu es auf deine ganz eigene Weise!

Ich habe bisher eher mit Engeln oder mit Gott gesprochen, kann ich trotzdem auch mit dir sprechen?

Oh, die Engel, Gott und ich, wir verstehen uns alle wunderbar. Jeder von uns freut sich, wenn du dein eigenes Potenzial auf so vielfältige Weise nutzt. Jeder Mensch hat seine eigene Definition von Göttlichkeit und den höheren Mächten. Mir persönlich ist wichtig, dass wir alle dasselbe Ziel haben: dich lebenslang darin zu unterstützen, deinen Seelenweg zu finden, zu gehen und dich selbst dabei immer besser kennenzulernen.

Ich komme mir seltsam vor, wenn ich mit mir selber oder mit dir spreche. Soll ich es lieber lassen?

Oh, ich danke dir für deine Ehrlichkeit! Ich bin mir durchaus bewusst, dass mein Wesen eine ganz schöne Herausforderung sein kann für jemanden, der bisher strikt seinem Verstand folgte. Übrigens halte ich den Verstand nach wie vor für ein wertvolles Tool – aber es ist doch schön, hierzu sinnvolle Ergänzungen zu nutzen, wenn es sie doch gibt. Und, tja, kommen wir uns nicht alle manchmal etwas seltsam vor? Wichtig ist, was wir dann daraus machen. ☺ Sei dir nicht zu schade, Neues auszuprobieren, und wenn es dir peinlich ist, dann steh dazu. Über sich selbst zu lachen hat noch niemandem geschadet. Ich habe nie behauptet, dass ich ein bierernster Typ bin.

Wie kann ich mich vom Leben getragen fühlen, wenn ich schon so schlechte Erfahrungen gemacht habe?

Kein Leben besteht nur aus den sogenannten guten Erfahrungen. Entscheidend ist, wie du deinen Erfahrungen begegnest, wie du mit ihnen umgehst und welche Lektion du für dich daraus mitnimmst. Ziehst du den Rückschluss »Das Leben liebt mich nicht«, dann wird er dein kommendes Leben mühsamer machen. Fragst du dagegen: »Was wird mir hier gerade gezeigt und wo liegen meine Möglichkeiten?«, dann öffnest du dich für die Fülle, die schon lange wartet, um in dein Leben zu treten.

Verstehst du die Idee dahinter? Es steht und fällt mit dem Vertrauen, dass das Leben es gut mit dir meint, selbst wenn es im ersten Moment nicht so aussieht! Und dazu kannst (und musst) du dich ganz einfach entscheiden: »Ab heute sehe ich es ganz bewusst mal so.« Probieren geht hier über Studieren!

Was meinst du damit, dass wir mit allem sprechen können? Wenn ich mit meiner Wand rede, hab ich bisher nie eine Antwort gehört – was mache ich falsch?

Im Grunde bestehen wir – wie alles auf der Welt – aus Energie. Das ist keine bloße Annahme, sondern das hat Herr Heisenberg 1927 mit seiner Unschärferelation belegt. Statt Wände nur als bloße Steinmauern zu sehen, schlage ich nur eine andere Herangehensweise vor. Sie ermöglicht dir, mehr mit dem in Kontakt zu treten, was dich umgibt. Nimm die Wand ganz bewusst als Energie wahr, als Teil des All-Einen, zu dem auch du selbst gehörst. Sie ist nicht »tot«, sondern auch sie ist lebendig, hat bereits viele Erinnerungen gespeichert und Erfahrungen gesammelt. Sie hat ein Wissen, das du anzapfen kannst, um deinen Erfahrungsraum zu erweitern. Klingt das magisch für dich?

Wie kann ich dich erreichen, wenn ich weitere Fragen habe?

Dann schreib an: mr.ed@der-kleine-alltagsmagier.de, ich beantworte deine Fragen außerdem gern auf der Website www.der-kleine-alltags-magier.de. Du kannst aber auch einfach die Augen schließen, mich innerlich rufen, und schon stehe ich bereit und freue mich auf dein nächstes Anliegen. Probiere es gleich mal aus!

Du denkst, das ist jetzt der Abschied?
Klapp das Buch zu,
schließ die Augen
und sieh nach, ob ich immer noch da bin!

DEIN MR. ED

BÜCHER, FILME, ZEITSCHRIFTEN

ACHTSAM SEIN, ENTSCHLEUNIGEN UND VEREINFACHEN

Achtsamkeit. Über 100 Übungen und Meditationen für mehr Gelassenheit und Lebensfreude. Gräfe und Unzer 2017

Dunne, Linnea: Lagom: *Glücklich leben in Balance.* Callwey 2017

flow. Zeitschrift von Gruner und Jahr, Ersterscheinung 2013

Goldsworthy, Andy: *Rivers and Tides: Working with Time.* Dokufilm von 2003

Hammer, Matthias: *Liebe das Kind in dir.* Gräfe und Unzer 2018

Iding, Doris: *Entschleunigen.* Gräfe und Unzer 2017

Kabat-Zinn, Jon: *Gesund durch Meditation.* Knaur 2013

Lynch, David: *The Straight Story.* Spielfilm von 1999

Sturm, Hertha: Wahrnehmung und Fernsehen. Die fehlende Halbsekunde. In: *Media Perspektiven* 1 von 1984.

Thomsen Brits, Louisa: *Hygge. Die dänische Art, glücklich zu leben.* Goldmann 2018

Wilson, Sarah: *Goodbye Zucker.* Goldmann 2015

KREATIV SEIN, WIEDER KIND SEIN UND SPIELERISCH DICH SELBST ENTDECKEN

Ende, Michael: *Die unendliche Geschichte.* Thienemann 1979

Gaston, Meredith: *Mit Dankbarkeit beginnt das Glück.* Gräfe und Unzer 2018

Heuck, Sigrid: *Pony, Bär und Apfelbaum.* Thienemann 1976

Patel, Meera Lee: Entdecke dein Leben. Eine Gebrauchsanweisung. Knaur 2017

Wehrli, Ursus: *Kunst aufräumen.* Kein & Aber 2002

AUTHENTISCH SEIN, ZU DIR STEHEN UND DEM LEBEN VERTRAUEN

Dyer, Wayne: Shift: *Das Geheimnis der Inspiration.* Spielfilm von 2009

Pellington, Mark: *Zu guter Letzt.* Spielfilm von 2017

Wehrle, Martin: *Der Klügere denkt nach.* Mosaik 2017

REGISTER

MEHR ENERGIE,
MEHR WOHLBEFINDEN!

ISBN 978-3-8338-6489-6

ISBN 978-3-8338-6256-4

ISBN 978-3-8338-6860-3

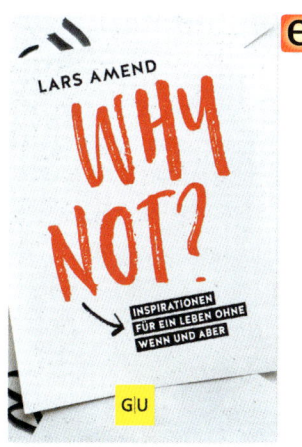

ISBN 978-3-8338-6170-3

ISBN 978-3-8338-6859-7

e Auch als eBook erhältlich.

Impressum

© 2019 GRÄFE UND UNZER VERLAG GmbH, München Alle Rechte vorbehalten. Nachdruck, auch auszugsweise, sowie Verbreitung durch Bild, Funk, Fernsehen und Internet, durch fotomechanische Wiedergabe, Tonträger und Datenverarbeitungssysteme jeder Art nur mit schriftlicher Genehmigung des Verlages.

Projektleitung:
Anja Schmidt

Lektorat:
Dr. Diane Zilliges

Umschlaggestaltung und Layout: independent Medien-Design, Horst Moser, München

Herstellung: Susanne Fuhrmann

Satz: Uhl + Massopust, Aalen

Lithos: Longo AG, Bozen

Druck und Bindung:
Drukarnia Dimograf SP.zo.o, Polen

ISBN 978-3-8338-6754-5

1. Auflage 2019

Die GU-Homepage finden Sie unter www.gu.de

Bildnachweis
Cover: Mark Conlan

Ideen für die Illustrationen: Claudia Duwe

Umsetzung: Mark Conlan

Gestaltung der Sonderseiten: Hassân Al Mohtasib

Syndication:
www.seasons.agency

Umwelthinweis
Dieses Buch wurde auf PEFC-zertifiziertem Papier aus nachhaltiger Waldwirtschaft gedruckt.

LIEBE LESERINNEN UND LESER,

wir wollen Ihnen mit diesem Buch Informationen und Anregungen geben, um Ihnen das Leben zu erleichtern oder Sie zu inspirieren, Neues auszuprobieren. Wir achten bei der Erstellung unserer Bücher auf Aktualität und stellen höchste Ansprüche an Inhalt und Gestaltung. Alle Anleitungen und Rezepte werden von unseren Autoren, jeweils Experten auf ihren Gebieten, gewissenhaft erstellt und von unseren Redakteuren/innen mit größter Sorgfalt ausgewählt und geprüft.

Haben wir Ihre Erwartungen erfüllt? Sind Sie mit diesem Buch und seinen Inhalten zufrieden? Haben Sie weitere Fragen zu diesem Thema? Wir freuen uns auf Ihre Rückmeldung, auf Lob, Kritik und Anregungen, damit wir für Sie immer besser werden können. Und wir freuen uns, wenn Sie diesen Titel weiterempfehlen, in Ihrem Freundeskreis oder bei Ihrem online-Kauf.

Sollten wir Ihre Erwartungen so gar nicht erfüllt haben, tauschen wir Ihnen Ihr Buch jederzeit gegen ein gleichwertiges zum gleichen oder ähnlichen Thema um.

KONTAKT

GRÄFE UND UNZER VERLAG
Leserservice
Postfach 86 03 13
81630 München
E-Mail: leserservice@graefe-und-unzer.de
Telefon: 00800 / 72 37 33 33*
Telefax: 00800 / 50 12 05 44*
Mo–Do: 9.00–17.00 Uhr
Fr: 9.00–16.00 Uhr (*gebührenfrei in D,A,CH)

 www.facebook.com/gu.verlag

GRÄFE UND UNZER

Ein Unternehmen der
GANSKE VERLAGSGRUPPE